JN228753
Dear

The low of hikikomori

楽しいことや美しいものだけに囲まれて
豊かに生きる方法

ヒキコモリの法則

八木さや
Saya YAGI

廣済堂出版

・トキメクものばかりで埋め尽くす

・下心は口に出す

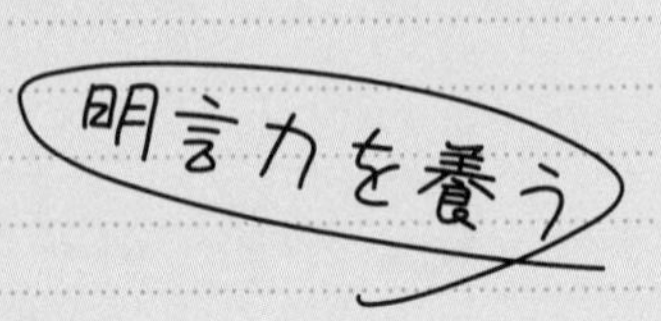

・人断ち、情報断ちをする

家をパワースポットにする

・欲しいものは
値段に関係なく買う！

自分に集中する！！！

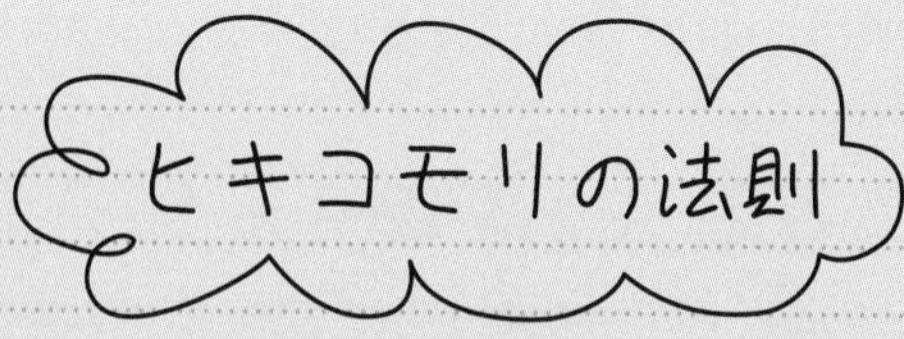

・不要な人脈はつくらない！！

・心の不潔さを感じる縁は即捨てる

・心の楽より、
　体の楽を選ぶ

・孤独を愛する♡

・天気のいい日は
　ダラダラする〜

・すべて自己責任でおこなう

・自分だけの法律をつくる

HIKIKOMORI
NOTE

・リアルな自分を表現する

ネットのなかに
アバターをつくる

・女の持つ決断力を思い出す

◎他人に願いを話すときは宣言にする

無駄口をなくす！

・身内ほどお金を多く払う

・お金を産み出す源泉＝自分

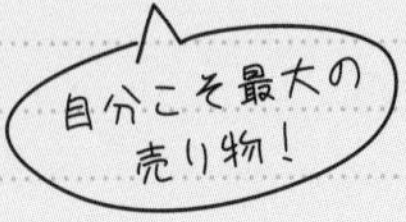

・古い自分を廃業する

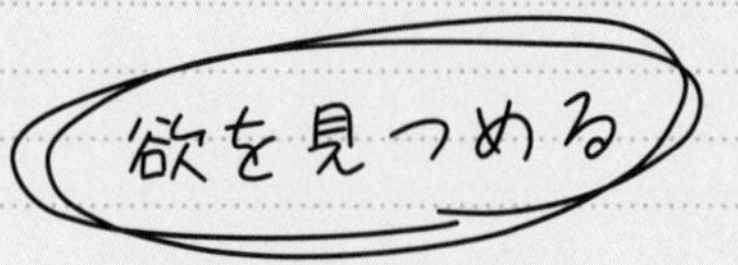

・ゾクゾクすることを探す！

願いを立てたらやると決める

・節約するより、
税金を多く払うことを目標にする

・何にもできない自分にOKを出す☆

自分を安心させることを
頑張る！！

HIKIKOMORI
NOTE

はじめに

長崎県の玄界灘に浮かぶ離島、壱岐島(いきのしま)に移住して、1年が過ぎました。

壱岐島は、車で1時間半ほど走ると一周できる小さな島。とてもコンパクトな島ですが、神道発祥の地と言われていて、約千社の神社、祠(ほこら)が密集する島全体がパワースポットの地です。

「子宮委員長はる」を卒業し、八木さやとして新しい人生を踏み出すには最高の場所。そんな壱岐島で、自宅と敷地を「楽園」と称し、自分だけの楽園づくりをしながら、ヒキコモリ生活をますます極めています。


私がヒキコモリ生活を目指すようになったのは、会社員時代です。

私が勤めていた会社は男性が女性に平気で暴力や暴言をふるう、いわゆるブラック企業。そんななかでも、認められたい一心で、男性と肩を

張り合うように働いていました。

そして、体調が悪くなるたびに、「戻って机がなかったらどうしよう」「こんな状態でちゃんと働けるだろうか」と、びくびく怯えていたのです。

世間から嫌われる恐怖感、捨てられる恐怖感……。そこにものすごい体力を使っていたため、しだいに心も体も病んでいきました。

その後、自分をリセットしようと、過去のすべてを浄化し、自分に対して最大の労(ねぎら)いをかけるため、どんなに些細な心や体の変化にも、耳を傾けるような体制を構えました。と同時に、自分を護(まも)ると決めたのです。

人や会社に合わせすぎた、恋愛だって相手に合わせすぎた……。何度も何度も繰り返して心身を病んでやっと、自分に合わせて生きていこうと思いました。

当時は、お金も体力もなかったので、会社勤めをしながら、てっとり早く稼げて、時間拘束もゆるい風俗に片足だけつっこんでいました。

でも、どうせなら両足をつっこんでオフィシャルにカミングアウトして、本業にしようと思いました。


子宮委員長はるを始めたのはその頃です。おなかから突きあげてくる子宮の声（自分の本音）に従い、性について自分の本音をブログで発信していきました。

自分を隠すことなく、腹黒い自分も見せると決めると、心も体も楽になりました。これまでは遠慮していた生理休暇を月に何度もとるようになり〝体の楽〟を選ぶと、どんどん自分が落ち着いていきました。

家にいる時間も多くなり、「自分の家で仕事ができたら最高だな〜」と思い始めた頃、子宮委員長はるに「お話し会をやってください」という依頼がポツポツくるようになりました。

その後、講演会に呼ばれたり、ＤＶＤを出したり、イベントに出演したり、本の依頼がきたり……。

自分が始めたことがどんどん大きくなり、結果的に、社会（世間）に出ることなく家にいながらお金を生み出すこととなり、ヒキコモリ生活のベースがつくられたのです。

約7年間、子宮委員長はるとして性に対する発信をするなかで、私は闇のなかに「最愛の私」を見つけました。自分のなかにあるおぞましいほどネガティブな感情、闇を感じ切り、それも自分と認めることで、「本当の自分」と出会えたのです。

外部への執着が完全に失せた瞬間でした。

私には私さえいればいい——それが私の魂の結論でした。

私はその心を一生守りたいと思ったし、その心と共に生きて死にたいと思いました。私のなかに愛を見つけたのです。

だから、性生活にピリオドを打つとともに、子宮委員長はるを卒業して、もともとの自分、八木さやとして新しい人生をスタートすることにしたのです。

東京での暮らしは本当にすべてそろっていました。夫にも子どもにも恵まれ、とても幸せでした。

ただ、同じ場所にとどまってはいられない。私はもっともっとできるはずなんだ。どうせ無力な私だから、とことんやってみたい！と思い、壱岐島に一人で移住を決意しました。

人生の第二幕である、最愛の私と二人きりのヒキコモリ生活は、奇跡の連続です。

その奇跡については、この本のなかにたっぷりと書きましたが、年商5億円を達成し、ビジネスはますます発展して夢も広がり、出会いたい人とつながり、体も健康になりました。

ヒキコモリが社会問題になるのは、社会に適応できるちゃんとした人

間にならなければいけないと思っているからです。でも、みんながみんな、社会でうまくやっていけるわけではありません。
だからこそ、社会の脱落者である私が、どこまでヒキコモリながら自分の居場所をつくっていけるか実験中です。

本書では、快適なヒキコモリ生活を実現するための法則をたくさんちりばめました。社会に適応できなくても、十分自分を幸せにすることは可能ですし、これからの時代は、ヒキコモリこそが世界を救うと思っています。
八木さや流のヒキコモリの法則を取り入れて、あなたの体と心が喜びであふれることを願っています。

第1章 女の体はヒキコモリに向いている

CONTENTS

第2章 清らかな人脈をつくる「究極のヒキコモリ術」

CONTENTS

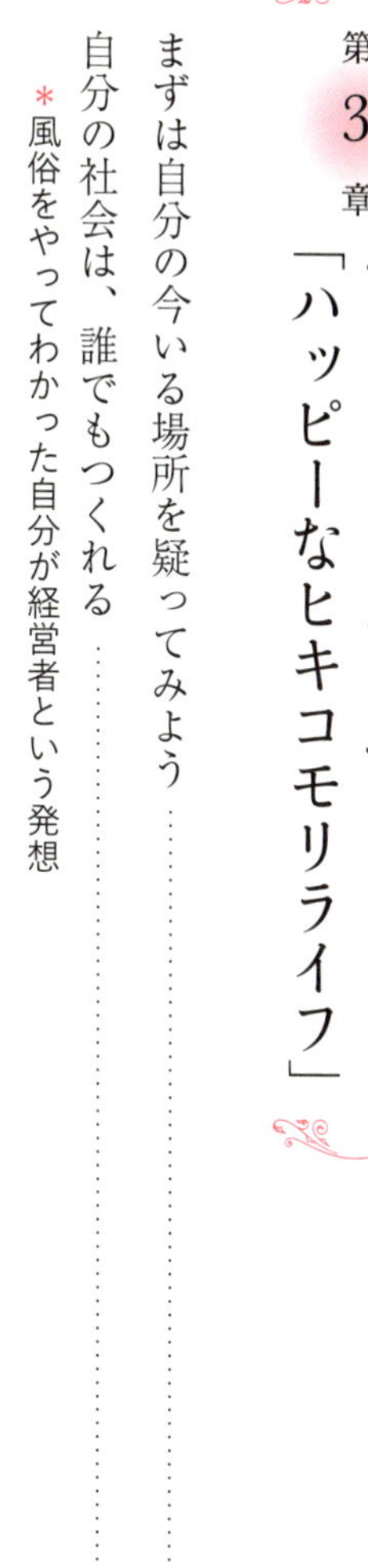

第3章 やりたいことだけやる「ハッピーなヒキコモリライフ」

第4章 ヒキコモリながら、自分を表現して幸せになる方法

CONTENTS

第5章 ヒキコモリの恋愛&結婚事情

CONTENTS

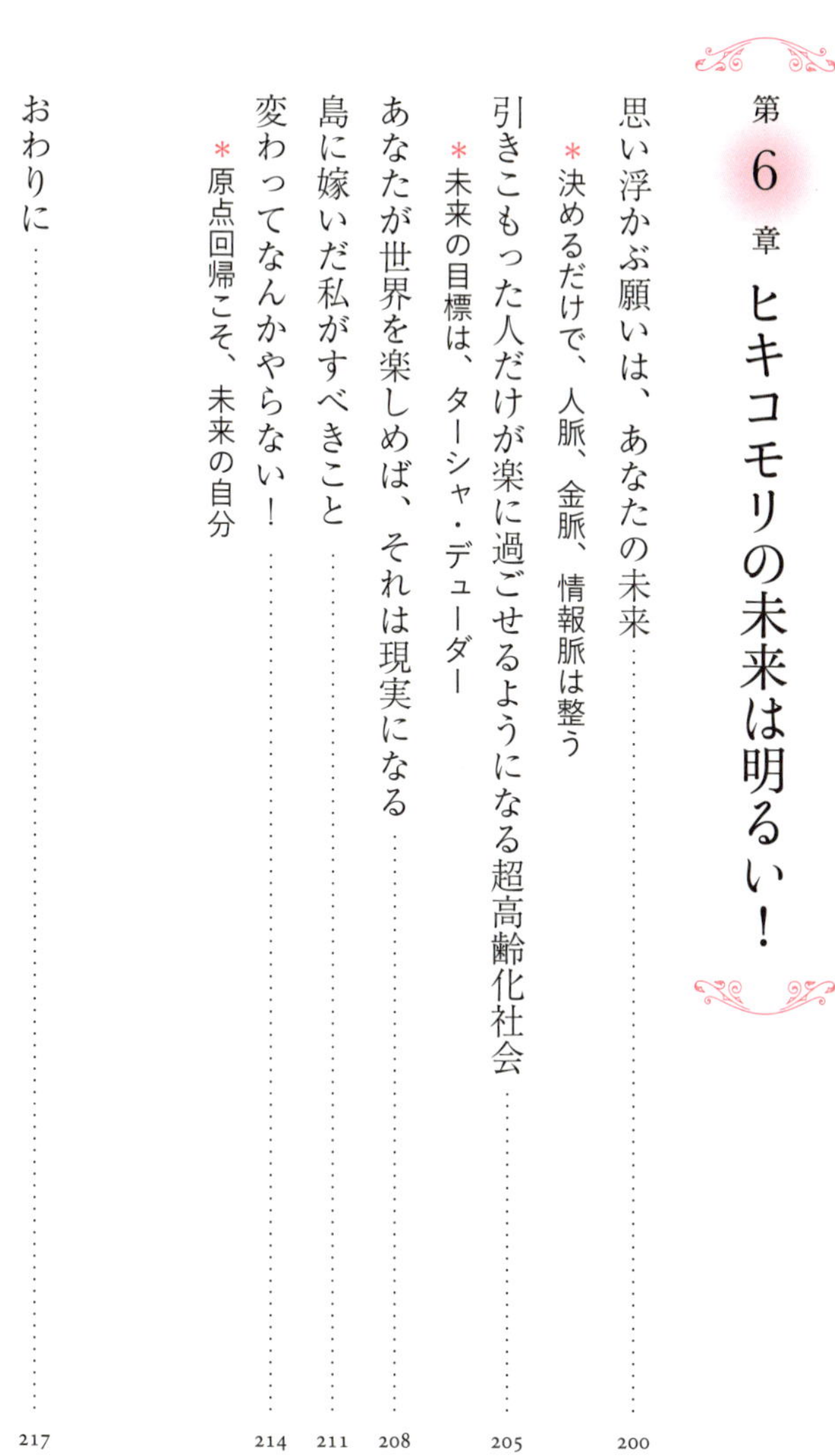

第6章 ヒキコモリの未来は明るい！

〝体の楽〟を選ぶことは、
引きこもるための最初のレッスン。
自分に無理をさせないことから、
ヒキコモリは始まる。

第1章

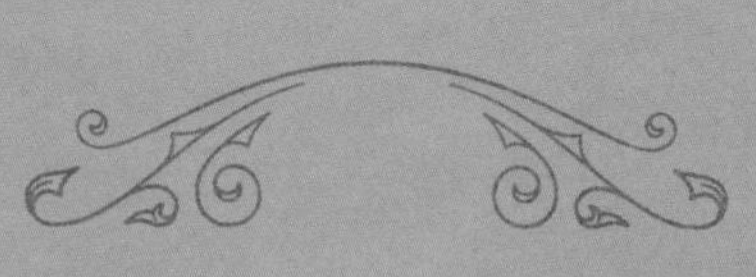

女の体はヒキコモリに向いている

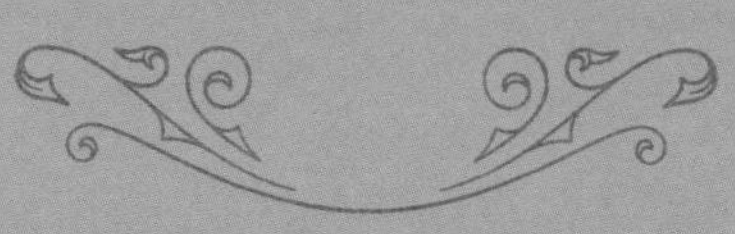

女性がヒキコモリに向いているのはなぜ？

女性って会社で働いていると、妊娠、出産のたびに、仕事を続けるかやめるかの選択に迫られますよね。

それが当然のようになっていますが、冷静に考えると、妊娠や出産でキャリアを選ばせる社会って、ダサいと思いませんか？

子どもを産むことと仕事の両立が難しい社会に疑問を持たなければいけないし、そこで悩むこと自体がすごく不自然。だったらどうすれば自然な流れになるのかと考えたところ、家で仕事をするのが一番だと思いました。

そもそも、女性は体の構造上、ヒキコモリに向いています。

女性は男性に比べて体のイベントが多いですよね。月1回の生理、ＰＭＳ、妊

娠、出産、母乳育児、更年期……。当たり前のように体調の波があります。

もちろん、人によって、症状に軽い・重いの差はありますが、そうはいっても生理のときなどは外に働きに行きたくないですよね。しかも、今の社会は男性がつくった社会。そこで女性が男性と張り合っても、あまりうまくいきません。

だったら、社会は男性に任せ、女性は自分の家に社会をつくったほうが、いろいろなことがスムーズに流れると思うのです。


今の時代は、男性から女性へのセクハラ（セクシャルハラスメント）、マタハラ（マタニティーハラスメント）、パワハラ（パワーハラスメント）などが社会問題になっていますが、女性が「あれしちゃダメ！」「これしちゃダメ！」と規則でしばったら、男性は萎縮してしまいます。

男性の世界ではハラスメントって普通です。だから、受けたほうもなんとも思いません。なのに、男性社会に女性が進出してきたために、ハラスメントをうけると大きな問題になってしまうのです。

そもそも、行ってはいけないところに女性が出かけて行っているのです（ただ

し、最近は男性のなかでも感受性が豊かな方もいらっしゃるので、そういう方はヒキコモリはおすすめです）。

今までは、外で働くことしか選択肢がないと思っていたので仕方ありませんが、この本では家のなかに社会をつくる方法を書いていますので、ぜひ試してみてください。実践してみると、女性って最高にヒキコモリにぴったりの体だって、わかりますよ。

セクハラを受けるのは、女を否定しているから

男性の社会に出ていくと、ハラスメントに遭うと言いましたが、なぜハラスメントに遭うのかというと、自分がそう思っているからです。

女性の潜在能力をまとめた「子宮メソッド」でいえば「他人から言われる言葉は、子宮（本当の自分）が自分に対して言っている言葉」ということ（詳しくは、拙書『お金は、子宮が引き寄せる』をご覧ください）。つまり、ムカッと反応するような言葉は、自分がそう思っているから言われるのです。

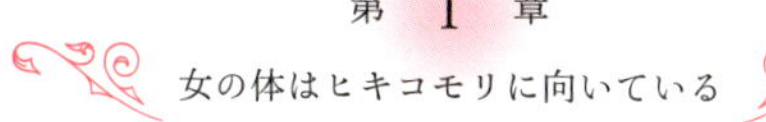

私は、風俗をしていた頃、ある男性から「お前、肉便器じゃん！」と言われたことがありました。そのときは、すごく傷つきましたが、よく考えたら男性の性欲のはけ口になっているのだから、肉便器だ〜！と思ったのです。

つまり、自覚がなかっただけで、本当は肉便器だと思っていたのです。否定しているということは、自分がそうだと思っているということ。だから反応してしまうのです。それに気づいて、受け入れたら、風俗嬢であることに誹謗中傷してくる人がいなくなりました。

わかりやすい例で言うと、セクハラを受ける女性は、女を否定してる人です。「男性に負けたくない！」と張り合って女を否定しているので、性的な嫌がらせを受けるのです。

セクハラを受けたら、「ああ、私、女を楽しんでなかった！　これから女として楽しい人生を生きよう！」って気づけばいいだけの話。

感情的に反応したら、自分もそう思っていた、ということなのですよ。

女性の自立の向かうところは、体を楽にすること

女性が家のなかで社会をつくる方向に目覚めていくと、「女性の自立」という概念が変わります。

今までは、会社に勤めて、出世して、高いお給料をもらうことが自立と思われていたかもしれませんが、それはあくまでも男性向け。

女性の自立とは、体を楽にできる環境で、どんどん自分が拡大していくことです。

なかには、会社に長く勤められないとか、男性と同じように仕事ができないなどで悩んでいる人もいます。

しかし、女性は〝体の楽〟を選ぶことで魂の器でもある体が満ちて精神的にも幸福度が増し、資本となる体がリラックスするので、宇宙と同じようにビジネスも拡大していくのです。

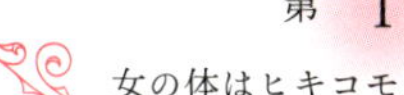

ところが、ここで〝心の楽〟を選ぶとうまくいかなくなります。〝心の楽〟とは、ひとときの楽をとること。たとえば、旅行をしたり、温泉に行ったり、エステに行ったり。

それが悪いとは言いませんが、〝心の楽〟を選び続けることは、イヤなことから目を背けて逃げているストレス発散と同じことです。ストレス発散なので、やることなすことすべて浪費になってしまうのです。

一方、〝体の楽〟を選ぶと、すごく罪悪感が出るものです。たとえば昼まで寝ていると、自分は社会の堕落者になったような気分になりませんか?

たいていの人は、朝は早起きしなければならないという強迫観念がこびりついています。そのため、体がつらくても起きなければいけないと思い、休むことに罪悪感が湧(わ)いてしまうのです。

罪悪感とは、世間の常識から外れて自分を自由にさせたときに湧くものです。今まで抑えつけてきた感情が刺激されて、罪の意識が湧いてきているということ。つまり、「罪悪感が出ることこそ、本当の自分の声」なのです。

罪の意識とは、過去に自分が我慢したことです。その浄化こそが、心のつらさでもあります。そういうときは、思考を停止してつらさが過ぎ去ることを待ってあげてください。

誰もが体に羅針盤を持っていて、快適に過ごす方法を知っています。だから、体の楽を徹底して、体の声を聴くのです。

心の楽ではなく、体の楽を選ぶ。

体の楽は、未来をつくる楽でもあるんですよ。

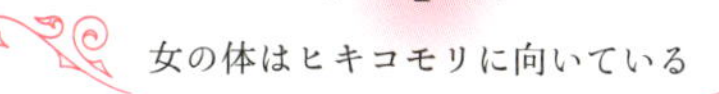

自分が〝社会〟になる

社会に適応できないと、「ダメな人」と思われがちですが、その社会は誰かがつくったもの。そもそも誰とも合わない人が、他人のつくった社会に自分を合わせるのはかなり大変なことです。だから、合わせることができなくて、心を閉ざした引きこもりになってしまうのです。

だったら、「自分が社会になればいい」と思いました。

自分が社会になるとは、自分のルール、自分だけの法律をつくることです。とくに、「やろうとすると抵抗が出るもの」ほどマイルールにしてみるのがおすすめ（もちろん、人に迷惑をかけないことで）。

世間がいいということを採用せず、自分のルールを採用すると、どんどん自分と

いうスペースが広がっていきます。

私が最初につくったマイルールは、「寝る時間と起きる時間は自分で決められる」というもの。このルールに抵抗がなくなるまでに、なんと3年間もかかりました。

私たちは、小学校に入学したときから学校に遅刻しないために朝は決められた時間に起き、会社勤めをすれば業務開始時間に間に合うように起きて出勤。主婦になれば、子どもや夫の朝食をつくるために朝早く起きて家事……。

こんなふうに、20年も30年も、起きる時間が決められた生活を続けてきているので、すっかり細胞に染みついているのです。

〝体の楽〟を選ぶなら、何時に寝て、何時に起きてもいいわけなのに、天気のいい日に昼まで寝ていると、もう罪悪感でいっぱいに。堕落人間、人間失格レベルの気持ちになり、最終的には「人としてどうなの？」「生きててごめんなさい」とまで落ち込んでしまうのです。だから、時間通りに起きられない自分にグッドを出すことは、すごく怖いことでした。まさに、労働の呪い。

でも、そこを乗り越えるのが私の役目と思い、「絶対に起きてやるものか！」と、どこまでできるか実験していきました。こうして、少しずつ自分の自然なリズムを取り戻していったのです。

今は時計のない生活を自分に贈れるようになり、社会に適応できない自分でも大丈夫！と自分に丸をつけられるようになりました。

ほかにも、「好きなものばかり食べる」も、マイルールにしました。

最初のうちは、今日はハンバーグしか食べたくないから野菜は食べないと思っても、「野菜を食べないと病気になる」という情報が潜在意識のなかに入っているので、やっぱり野菜も食べないといけないと思ってしまうのです。

それでも、今日は絶対にハンバーグとご飯だけ食べると決めて、罪悪感いっぱいで野菜を残したりしていました。

そんなことを1年くらい続けるうちに、「好きなものだけ食べたほうが、体は喜ぶし健康になる！」と潜在意識の情報が塗り替えられていって、そんな自分にOKを出せるようになったのです。

自分の生き死ににまで自己責任を持つ

それにしても、なぜここまで抵抗する気持ちが出てくると思いますか？

それは、死を連想させるからです。「食べる」とか「寝る」といったことは、まさに生理的欲求。人の命を維持するための欲求です。

そこをマイルールに変えるのですから、「死んじゃうかもしれない」という恐れが出てくる。だから、こんなにも抵抗が出てくるのです。

生死観につながるほど深く刻み込まれている情報。ここをマイルールに変えるということは、自分の生死に対しても全責任を持つということ。そこまで全責任を持つことができる自分になれたら、半端ない決定力が身に着きます。

覚悟をともなう決定力があれば、他人がなんと言おうと、それに影響されることなく、「自己責任でやります！」と言えますよね。

自分が社会になれば、すべてが自己責任で完結するので、とっても楽。ヒキコモリも快適になるのです。

ヒキコモリは体にも心にも優しい

外に出ないことのメリットは数知れませんが、一番は、時間を気にせず今したいことをできるようになったことです。

私が会社員だった頃は、たとえば昼休みの時間におなかがすいていないからあとでご飯を食べたいと思っても、職場で一人お弁当を広げて食べる勇気もなく、みんなと行動を合わせていました。

どうしても、他人の目が気になって、やりたいことがやれなかったのです。

でも、ヒキコモリになったら、いつトイレに行ってもいいし、いつご飯を食べてもいい。それがベースになって、仕事ができるので、本当に楽チンです。

しかも、一人だからどんな格好で仕事をしてもいいですよね。たとえば、股を広げてパンツが見えていてもいいわけです。この気軽な感じで仕事ができる状況って、天国です。

安心して最悪の自分でいられる幸せ

しかも、安心して体調不良になれる点もヒキコモリならではのメリット。

たとえば、1日中寝込んでしまうほどの具合の悪さだった場合、以前は最悪な状態でいるのはダメだから、なんとかしてよくなる方法を探していました。

でも、そうやって、**自分にバツをつけることが、人生を迷わせることになっているのだとわかりました。**

私の場合、突発的な痛みや発作が起きていたのですが、そんな状態ではまともに社会人なんてできないし、できたとしても迷惑をかけるだけです。

だったら、安心して痛みや発作がいつ起きてもいい環境をつくろうと思っていたところ、気がつけばいつのまにか自営・起業になっていました。

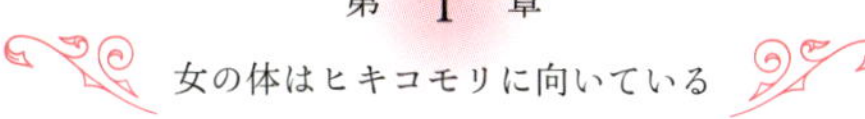

今は、食べたいときに食べ、寝たいときに寝て……。だるいときにだるくいられることが至福です。安心して、最悪の自分でいさせてあげることが大事だと思っています。いつでも「体調不良になって大丈夫なんだよ！」と言えることが最高です。

人は病気にならないように予防したり生活改善をしますが、それは私にとって縛りでしかありませんでした。起きてもいないない未来の不安を今に握りしめるエネルギーって、もったいないと思いませんか？

これに関しては、人それぞれの考え方があると思いますが、私は自分にケチケチした人生は歩ませたくありません。

病気にならないようにではなくて、病気にいつなってもいいように、もうすでに隠居・老後生活、いや、極楽浄土のようになっています（笑）。

不思議なもので、「終わった人生」のような自分に空間や時間を与えていると、いいことしか起こらなくなるのです。

頑張るのは、自分を正すことではなく、自分を安心させること。それが、栄養や肥料になるんですよ。

天気が悪い日は「病人の日」

東京に住んでいたときは、窓から見える景色が建物やコンクリートの道路だったため、自然と自分は切り離されている気がしていました。

そのため、どんより曇り気味の日や、雨の日は、気分もブルーに。その状態のままfacebookなどを見ると、そこにはキラキラしているみんなの姿が……。「あ〜、私って、一人でうつうつとして、ダメなやつ……」とよりネガティブになって落ち込んでいました。

ところが、壱岐島にきたら隣に家はなく、部屋の窓から見えるのは庭の大きな木や畑、草木などの自然ばかり。台風がくれば、木々は折れ曲がりそうなほどしなり、草木も雨や風に揺られ……。自然の猛威はお金では解決できないので、それが

去るまでただ自然にゆだねるしかありません。

そんな自然と共にいたら、雨の日も、風の日も、台風の日もあるように、生きていれば落ち込む日も、心がザワザワする日も、怒りにまみれる日もあって当たり前、と思えるようになりました。

それをダメと思うからつらくなる。自分のなかから湧いてくる感情は、全部自分のものなのだから、具合が悪いなら具合が悪いままでいい。自分にわざわざバツをつける必要なんてない、と思ったのです。

よくビジネスの世界では、「自分のコンディションを整えていい状態でのぞみましょう」と言われます。でも、私の場合は、具合が悪くてもベストコンディション。

今日与えられた体調や気分は、今日のベストコンディションだから、ネガティブならそのままでいいのです。

私は天気が悪い日は「病人の日」と決めています。ダラダラ起きて、お風呂に入るのも、掃除をするのも、ご飯をつくるのも、全部中途半端。完璧でいようとする

自分から解放される日にしています。

それでも、ちゃんとしなきゃと思う気持ちは出てきます。そのたびに、「〇〇しなきゃいけない」と勝手に設定していた自分に気づきます。だから、病人の日は、潜在意識書き換えの日、自由になる日なのです。

ちなみに、鬱病(うつびょう)のつくり方って知っていますか?

それは、毎日、元気でいようとすること。「つらくても元気で〜」って、気持ち悪くありませんか?

具合が悪い日は、自分を優しく看病する日。

なんにもできなくてもOKなんです。

〝体の楽〟を選べるかは、「明言力」がカギ！

会社員の方は、「毎日通勤しなければいけないのに〝体の楽〟を選ぶなんて無理」と思うかもしれませんが、会社のなかにいても、〝体の楽〟を選ぶことはできます。
ただし、そのためには、ある程度、周囲に体のつらさを訴えることが大事。

たとえば、生理がつらくて仕事にならないと思うときは、男性上司であってもストレートに「生理がつらいので、早退させてください」と言いましょう。
どうせわかってくれないからと、違う理由に変えて休みを取る人もいますが、**女の体のことは女がはっきり言わないとわかってもらえないし、男にわかるわけがありません。**

男性からしてみたら生理のつらさなどわかるわけがないのだから、女性に「生理

でつらい」と言われたら、「わかった」というしかありません。

もし女性上司に「生理くらいで休むなんて」と言われたら、「あなたが決めることではありません」と毅然とした態度で伝えましょう。

自分の体のつらさは自分のものだということを、忘れないでくださいね。

相手の考えに持っていかれないように、いかに自分の軸に戻って会話するか、これを「明言力」と呼んでいますが、〝体の楽〟を選べるようになるには、この明言力を養う必要があります。

体の話に抵抗がある人は？

男性上司に生理のことを伝えるのは恥ずかしいといった抵抗がある人は、性にブロックがある人です。

自分の体の管理は、自分以外できません。

〝体の楽〟を選ぶためには、相手が誰であろうと、自分の体のことを話す必要があるのですが、体の話は「性」に直結しています。だから、性にブロックがあると、体がつらくてもそのことを隠して生きるようになり、〝体の楽〟を選べなくなってしまうのです。

でも、よく考えてみてください。男性だって女性から生まれたのです。女性に生理があるから生まれてきたのです。

だったら、「生理の話」って、男女関係なく共通用語なんですよね。

そうはいっても、イヤらしい目で見られたくないと思って言えないなら、それはあなた自身がイヤらしい人ってことです。自分がイヤらしいから、性が絡む話に過剰に反応しているだけです。

男性って、じつは優しい生き物。いつだって、ジェントルマンでいたいと思っています。だから、女性が体のつらさを訴えてきたら、「いいよ、休んで」と、女性に優しくできるチャンスなのです。

体のことこそ隠さずハッキリ言うことは、とても大事です。

つらかったら頑張ってはいけない

「つらくても頑張る」ことが素晴らしいと思っているなら、今すぐその考えをやめてください。

なぜ、私がここまで〝体の楽〟を選ぶことを強調するのかというと、自分の体が機能しなくなったら、人生すべてが終わるからです。

生理中、妊娠中など、だるい体をひきずってなんとか出勤している人もいますが、肉体的につらいのに会社勤めを続けているとしたら、それはあなたに合った働き方ではないということを、体が教えてくれているサインです。

そのサインを見逃さないでください。

魂の居場所は体のなかにあります。魂のエネルギーは、まずこの世で生きる体を

満たし、そこからはみ出たエネルギーで、いろいろなハッピーを引き寄せるわけです。

なのに、その体すら守れないのであれば、生命維持のためにエネルギーを使わなければいけないので、はみ出るエネルギーがありません。それどころか、エネルギー不足なんてことも。

そんな状態で社会に出たら、女性ならではの波などとても乗りこなせないので、病気になるのは当たり前なのです。

それでも、体にムチを打って頑張る人が多いのは、そのほうが仲間がたくさんいて心が楽だからです。集団のなかにいれば社会のはみ出し者にはならない。だから、体を酷使して、〝心の楽〟をとってしまうのです。

そう考えると、〝体の楽〟を選ぶって、相当な努力が必要です。誰もやっていないことに挑まなければいけないので、かなり孤独を感じますし、心は不快です。

それでも〝体の楽〟を選ぶことで、快適なヒキコモリ生活への道が開けていくのです。

家電はケチらない

あなたの家の家電製品に不満はありませんか？

じつは、家電製品とは人件費です。なぜなら、**家電のテクノロジーは人を楽にするため、つまり体を楽にするためにある**からです。

たとえば、ずっと使い続けた家電製品が故障して新しい家電製品を買うと、だいぶ便利になっていて驚いたという経験はありませんか？

洗濯機ひとつにしても、昔は二層式だったのに、今は一層式、もしくはドラム式ですよね。しかも、乾燥機もついているので、洗濯物を入れたらハンガーに干すことなく乾いて出てきます。

食器乾燥機にしても、大量の食器をただ入れておくだけで、キレイに洗浄してくれます。今まで家事にかけていた時間が大幅に短縮されることを考えると、家電は

ちょっと高くてもお金をかけたほうがいいと思うのです。

先日、それを強く実感したことがありました。スタッフの一人がパソコンを買ってきたのですが、新品ではなく中古品。思うように動かず、よけいに時間がかかってしまい、便利になるどころか不便さを感じてしまいました。

こうなると、世話が必要な要介護状態の人を一人抱えた気分です。時間だけかかってあまり作業は進まない状態になるくらいなら、お金をかけても家電製品は最新のものを買ったほうが絶対快適です。

高価な家電を目にすると、「便利だな〜」と思いつつも「ここまではいらないかな」とついケチる精神が出がちですが、それだと体を楽にすることにならないので、家電製品には思い切ってお金をかけてください。

体を楽にするほど、心まで整って、お金の流れもよくなっていくのですよ。

貧乏マインドは、お金の循環を滞(とどこお)らせる

〝体の楽〟を選べない人は、貧乏マインドが染みついています。この貧乏マインドがあると、せっかく引きこもって自分で仕事を始めても、自然とお金のかからないほうを選んでしまうので、お金が循環しなくなってしまいます。

経済学では、「お金の流れは血液の流れと同じ。流れを止めてはいけない」と言われます。体を健康に保つためには血液の流れをよくすることが不可欠なように、社会全体の血行をよくするには、お金の流れを止めないことが大切という意味です。

先ほど、「自分が社会になる」と言いましたが、そのためには体が必要です。体が健康でないと、自分の社会はつくれない。つまり、体は社会をつくる大元ですから、体を楽にするためにお金（血液）を使うのです。

たとえば、ダイエットをしたい場合、たいていの人は糖質制限をしてカロリーを減らしたり、ジムに通ったり、走ったりして、自ら行動することでダイエットに挑みますよね。

でも、カロリー制限もつらい、運動するのもつらい……それでも無理やりダイエットをするから続かないのです。

体が楽になる方法を選ぶなら、人に頼むことです。

太る原因は滞りです。食べるから太るのではなく、詰まるからふくらむ。だったら、その詰まりをなくせばいいわけです。つまり、整体に通ったほうが痩せるのです。

人に頼めば痩せるのに、自分でやるからダイエットが成功しない。そして「どうしたら痩せるんだろう～」と悩んでしまう。その根っこには貧乏性があります。

ほかにもよくある例は、体が楽になる方法を自ら習得する人。たとえば、健康にもなるし、家族にも役立つかもしれないからと、足ツボマッサージの技術を習いに行く人もいますが、本当に足ツボのしくみに興味があって仕方ない人以外は節約志向です。

本人は、まさか節約のために学んでいるとは思っていないのですが、貧乏マインドが抜けていないので、お金のかからない人生を選んでいるのです。

貧乏マインドは自分では気づかないほど無意識に湧きあがるのですね。

〝体の楽〟を選ぶとアイデアが湧きあがる

お金持ちマインドがそなわっている人は、新幹線にしてもグリーン車に乗ります。それは、無意識に体を楽にしたいし、クリーンな空間に体を置きたいという思いがあるからです。

ほかにも、お金持ちマインドの人は、都内を移動するのにすぐタクシーに乗ります。それも、駅まで歩いて電車に乗る体力を温存して、次の仕事や人との出会いに集中したいと思っているからです。

私は常に〝体の楽〟を選んでいるので、仕事で夜中に帰ってきても、そこからインスタライブをしたりします。

一人で生活していると、しゃべりたくなるのです。だったら、そのしゃべりたい衝動を仕事で使えばいいのでは？と思いました。

無駄口がお金になるって、素敵でしょ！

〝体の楽〟を選ぶとお金もかかりますが、その分、体に快適な思いをさせてあげることができるので、アイデアも湧いてきて、やりたいことをやる体力にも恵まれるのです。だから、当たり前のようにお金の循環もよくなるのですね。

引きこもるなら環境は命

ヒキコモリ生活では、どんな環境に自分の身を置くかが、すごく大事です。

基本外に出ないので、メイクをしなくてもいいし、パジャマで1日を過ごしてもいいのですが、それも環境によるかもしれません。

というのは、私は壱岐島にきてからのほうが、東京にいるときよりもメイクをするようになったし、オシャレな服を着るようになったからです。

誰にも会わなくても、そうしたくなるのです。

なぜかと言うと、今の家にすっぴんでパジャマでいるのが似合わないと気づいたからです。

私が壱岐島に移住を決めたのは、この家に一目ぼれしたからです。私の夫、龍平

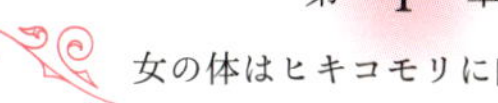

さん（作家の八木龍平）と壱岐島で結婚式をあげた日に、その場のノリで見に行った空き家になっている大邸宅を見て、どうしても欲しくなってしまったのです。

この家の値段は3900万円でしたが、どうしても「子宮御殿」にしたくて、1000万円上乗せの4900万円で購入。その後、リフォーム代にかけたお金が4300万円。

家具にしても、シャンデリアにしても、絨毯にしても、カーテンにしても、買いたいものを買っていったら、どんどん自分好みの家になっていって、家のなかがパワースポットのようになっていきました。

いるだけで癒されて、優雅な気持ちになれる家。そんな家だから、そこに似合う自分でいたいなと思うようになりました。

すると、メイクも楽しいし、オシャレも楽しい！　引きこもっていても、いつもハッピーな気分でいられるのです。

家族と住んでいる人は、自分の部屋を持てたらいいですね。誰にもおかされない自分だけのテリトリー。そこに、自分のセンスで選んだものばかりで埋め尽くす。

いつもいる場所だからこそ、自分好みの環境に整えることで幸せな気分になれるのです。

家を簡単にパワースポットにする方法

家をパワースポットにする方法は、「これ欲しい！」というものを値段に関係なく買うことです。

たとえば家具。お店に行ける場合はお店で実物を見てもいいですが、私の場合はすべてネットショップで購入。壱岐島では近くに家具屋さんもないので、全部通販。実物を見ずに買うので一か八か（いちかばちか）です。

でも、不思議なことに外したことは1回もありません。家具の大きさだって、測っていないのに、これだ！と思うものと出会ったときは、パソコンのなかの家具の写真とバシッと目が合う感覚があります。

また、映像が浮かぶこともあります。

リビングに木製のピアノを置いていますが、私はピアノは弾きません。でも、なぜかふと「ここにピアノがあったら素敵だろうな～」という映像が見えてしまったのです。見えたからには購入しようと、イメージに出てきたようなピアノをネットで注文して購入しました。

実際、置いてみると、本当にぴったり！　初めからこの場所におさまるために存在していたかのような貫禄を見せてくれるのです。

こんなふうに、本当に欲しいものを買って、自分の部屋を埋め尽くしましょう。自分好みのもので埋め尽くすことで、簡単にパワースポットが完成します。

環境を整えると、女の体は安心する

先ほど、欲しいものを値段に関係なく買うと言いましたが、自分の身を置く環境にはお金を使って、しっかり整えてください。
身の回りには、夫のために、子どものためにと、惰性で選んで購入したものもたくさんあるかもしれません。でも、そうでなくて、自分がワクワクするもの、一目ぼれしたものなどを置いてみることです。
すると、不思議と安心感を得られます。

私は、環境とは「子宮」そのものだと思っています。環境に気を配っていると、空間と自分がリンクしてくる安心感があるのですが、その安心感とは、胎内にいたときの感覚です。つまり、みんな胎内にいたときの安心感を求めている。だから、

環境をよくすることが大事なのです。

とくに女性は、子宮が体のなかに内蔵されていますよね。子どもを産もうが、産むまいが、内蔵されている。ということは、その感覚を強く知っているので、胎内にいたときの安心感を男性よりも強く求めがちなのです。

生まれたときは、誰もがその安心感を親に求めます。でも、親に求めても無理だということに気づいて、「生まれたこの世を胎内にしよう」と思ったときに、意識の拡大が始まります。

意識の拡大とは、「世界は自分がつくっている」ということです。この地球も宇宙も、全部私のものという感覚になること。

究極、このレベルで安心感を求めているのです。

安心感をパートナーに求める人もいますが、その多くは経済的安心。でも、胎内の安心感を求めている女性は、経済的安心だけでは、安心できないのです。

だからこそ、生きるための安心感をパートナーからもらうことばかり考えるのではなく、自分で整えてみてください。

少しずつでもいいから、自分の好きなものを空間に置き、自分の環境を整えていくと、自然と男性から安心感を得られるようになります。

自分が世界をつくっている以上、自分で自分を満たしていれば、必ず安心感を与えてくれる男性があらわれるというわけです。

もし、今のパートナーとうまくいっていなかったとしても、もしかしたらパートナーの中身がガラリと変わるなんてこともあるかもしれませんよ。

トキメクもので埋め尽くす

ミニマリストのようにとにかくものを持たないという生き方もありますが、私は趣味ではありません。

断捨離はしてもいいですが、シンプルにするためにするのではなく、捨てたら新しくトキメクものを置くためにしてください。使わないもの、無意味なものをいっぱい置いておくのではなく、好きなものに埋め尽くされている感じが、女性の体に安心感を与えるのです。

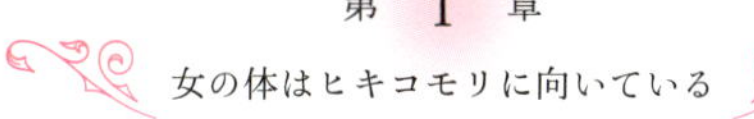

ただ、自分の本当に欲しいものを買うことは、すごく疲れます。いちいちハラハラ、ドキドキしっぱなしだからです。

たとえば、椅子、ソファー、机、棚……壱岐島に移住してから、もう何か月間も買い物をし続けていますが、「サイズが合うかな?」「置いたらどんな感じになるかな?」というのは、あくまで想像するしかありません。

先ほども話したように、パソコンの画像でバシッと目が合った家具を買うのですが、毎回大きな買い物を繰り返していると、正直「疲れた〜」と思うこともあります。でも、環境を整えることは自分自身を満たすことなので、「次はここに何をおこうか?」と、すぐ次のトキメクものを見つけるようにしています。

引っ越した当初は、「この部屋にヨーロッパ調の家具を置こう」「宮殿のようなカーテンをつけよう」などと思っていても、しばらく住んでいると「別に困ってないから、これでいいや」と、そのままにしてしまうことってありますよね。

でも、そのまま放っておくことは、自分の進化を止めること。だから、今の状態に満足しないようにしています。

体感で引っ越すと、お金が回るようになる

ヤドカリって、体が大きくなると今の貝殻が窮屈になるので、別の貝殻を見つけてお引っ越しをしますよね。

人間もそれと同じで、エネルギーが大きくなると家が狭く感じるようになります。

私の壱岐島の家は、2500㎡。東京にいたときも、都内でも広めの一戸建ての家に住んでいましたが、一人で住んでいるのになんだか狭いなと思っていたのです。

そんなときに、壱岐島で結婚式をあげ、今の家に出会いました。

「こんな広い家に、一人で住んで広すぎませんか？」と言われることもありますが、いいえ、いいえ。

私はすべての部屋をちゃんと使っていますし、今のエネルギーの拡大スピードでいくと、いずれこの家も狭くなるんじゃないかと思っています。

こういうときに貧乏マインドが出ると、広い家に住みたいけど家賃がもったいないから今のままでいいか、となってしまいます。

先ほど、引きこもるなら環境にお金をかけると言いましたが、**環境をケチると進化、拡大は止まってしまうので気をつけてください。**

「広い家に住みたいな～」という思いは体感です。広い家にいる自分を先取りしているのです。そういう思いが湧き出てきたら、叶えてあげてください。

そうすることで、エネルギーがあふれ出して、やりたいことをどんどんやる行動力が身につき、お金も回るようになります。

車は家のエネルギーをまとった小さなおうち

私がヒキコモリをしようと思ったのは、強迫観念に振り回されたくないという理由も大きく影響していました。強迫観念とは、不合理とわかっていても、頭から追い払うことができない症状のこと。

たとえば、外出したあと、「戸締りをしただろうか？」「電気を消し忘れていないだろうか？」という不安が心を離れず、ずっと落ち着かないときってありませんか？

私の場合は、外出したあと、「家が火事になるんじゃないか」という強迫観念があって、ガスの火を止めたとわかっていても見落としているのではないか、電気を消し忘れて発火していないか、コンセントにほこりが入って発火していないかなどが気になってしまい、せっかく外に出たのに、家に戻ってチェックすることもしょ

っちゅうでした。

会社に出勤していても、デートをしていても、映画を観ていても、家が火事になってないだろうかと、そのことばかり気になっていて、気が気ではありませんでした。家から出ると、家のなかのことが気になって仕方ない。もう恐怖にまみれるのがイヤだったので、ヒキコモリを選んだということもあったのです。

ところが、壱岐島にきて初めて車を買い、車で外出するようになったら、それがコロッと治りました。なぜなら、車のなかは自分の家の延長だからです。

自分の車を運転するのは人生で初めてですが、車は家のエネルギーをまとっていることがわかりました。車に乗っていれば、自分の家と一緒に移動しているような感覚になるのです。結果、10年以上悩んだ強迫観念がなくなって、外出が楽しくなったのです。

基本、ヒキコモリをしている人は、家が好きだと思うのです。

そういう意味では、車というアイテムがあると、家にいる感覚で外出できるようになるかもしれませんよ。

元祖ヒキコモリ、天照大神（あまてらすおおかみ）に学ぶ

みなさんは、天岩戸（あまのいわと）神話ってご存じですか？

太陽の神様で知られる天照大神は、実の弟、須佐之男命（すさのおのみこと）のあまりのやんちゃぶりに怒って天岩戸と呼ばれる洞窟（どうくつ）に隠れたところ、世の中から太陽が消え、真っ暗になったという話です。

私は、この話を聞いたとき、「天照大神って元祖ヒキコモリの神様なんだ！」と驚きました。日本最高神のくせにほかの神様を置いて引きこもっているのだから、人間が引きこもっていけないわけはないと思ったのです。

ただ、天照大神は太陽の神なので自ら発光しています。引きこもっている洞窟内は恐ろしく明るかったに違いありません。暗くてジメジメした場所で膝を抱えていたわけではなく、明るくあたたかい環境のなかで引きこもっていたはず。天照大神

のように自分が光になれば、外に光を求めなくてもいいわけです。

つまり、自分の空間や環境を満たし、楽しいことや美しいものに囲まれれば、明るく楽しく引きこもれる！　そう気づいたら、さっそく実験したい欲がむくむくと湧きあがったのでヒキコモリ生活を始めた、といういきさつもありました。

実際、やってみてわかったことは、引きこもると充電されるということ。他人とあまり会話をしないので、エネルギーの無駄使いがなくなり、ずっと充電モードなのです。

実際人に気を使ってばかりいた頃は、疲れやすくて仕方ありませんでした。「子宮委員長はる」として活動し、自分で自分の社会をつくろうと実践した結果、体力はどんどん戻っていきましたが、壱岐島にきて本格的なヒキコモリ生活を極めたら、体力がむくむくと湧いてきたのです。

もともと、ヒキコモリとは、エネルギーを充電させるという意味だったらしいのですが、まさに人の目を気にしないので体力の浪費がないということ。

そう考えると、ヒキコモリの可能性は無限大です。

人に合わせず、自分に集中する。
それだけで、不要な縁は消えていく。

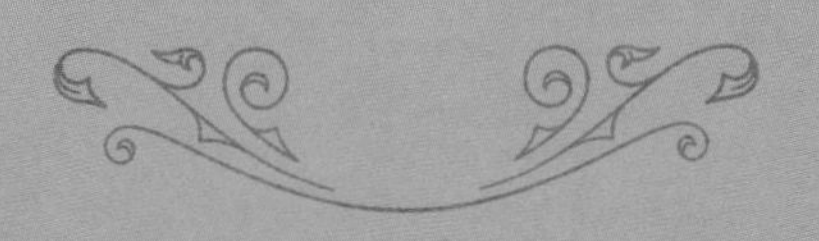

第2章

清らかな人脈をつくる「究極のヒキコモリ術」

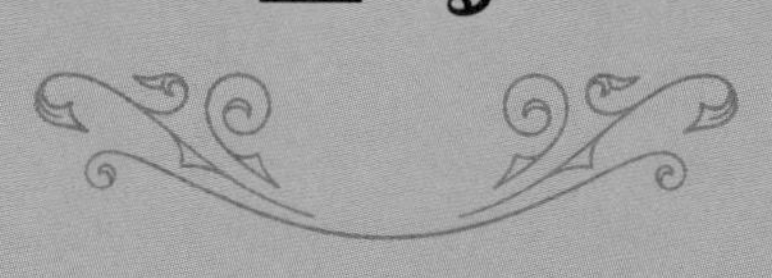

縁を築くかどうかの基準は、清潔か不潔か

引きこもっているからこそ、ちょっとでもご縁のある人とはつながっておきたい、という気持ちがあるかもしれません。

そのため、本当は好きでもないのに、ダラダラ付き合ってしまう友人や知人っていませんか？

もし、そういう人がいるなら、それは友人や知人に問題があるのではなく、そういう心を抱いている自分の心がいやしくて不潔なだけです。

「そんなことない！」っていう人は、よ～く自分の心のなかを覗いてみてください。

いつか役にたってくれるかもしれない、自分が困ったときに助けてくれるかもしれない、といった不潔な気持ちが1ミリもないと言えますか？

助けてもらえるかもしれない、ということは、まだ助けてもらいたい案件がないわけですよね。それなのに、つながっておきたいと思うのは、何かあったときのための保険です。

私が誰かと付き合うときの判断基準は、清潔か不潔か。自分の心の不潔さが出たり、相手から不潔さが感じられるようなら、その縁は必要ありません。

たとえば、アドバイスをするふりしてマウンティングしてきたり、仲良く近づくふりをして何かを奪っていったりする人。

私が経験したことで言えば、「家庭菜園するなら○○したほうがいいよ〜」「ガーデニングは○○すると楽だよ」など情報を教えるふりをして、じつは認められたい、注目されたいという、ぬめ〜っとした承認欲求がただよってくる人とか。

そういう人って、本当に不潔だなって思います。

何年か前までの私は、自分のすることに自信がなくて、他人の話も聞いたほうがいいんじゃないかと多少の葛藤がありました。

でも、結果的に、自分の感覚が一番正しかったのです。だから、誰かのアドバイスを聞いて「なんとかしてもらおう」「この人はあとで使えるかもしれない」と思っているなら、使えるときは一生こないと断言できます。

それよりも、そう思っている自分の心のほうが不潔ということに気づいてください。大切なことは、他人よりも自分の心の声を優先して、常に清潔な自分でいること。それを意識しているだけで、奇跡はたくさん起きるのです。

いらない縁は積極的に捨てる

いらない縁って、バイキンです。

そういうと、「いらない縁とわかっていてつながっているのは、自分のなかにやましい心があるからだ」と自分を責めがちですが、責めるのではなくさっさとサヨナラすることが大事。なぜそういう人が目の前に現れたのかというと、本当に必要な縁を見分けるためです。

本当に必要なご縁とつながるためには、やっぱり対比がないと難しいですよね。

「必要なご縁はこっちだよ！」というサインを見分けるために起こるのです。

壱岐島に移住した当初、親切にしてくれた人とトラブルになったり、聞こえてくるひどい噂話に傷ついたりして、「どうなってるの？　この島？」と思ったことがありました。

でも、集中してトラブルに見舞われたのは、本当のご縁を見分けるために最初に知っておきなさい、という神様からのプレゼントだったと思っています。

最初は「移住してきて、いきなりキツイな〜」と思ったけれど、おかげでこの島で一人で住む覚悟もできて、今は壱岐島の市長を目指すほど、この島が大好きになりました。

いらない縁をそのままにしておくと、ねちねちした恨みに変わりますよ。恨むなら思い切りハッキリ恨めばいいのです。

それなのに、「相手の嫌いなところも好きになるのが愛」という教えを採用して、恨む自分はよくないと思うから運気が落ちるのです。

無理は無理だし、嫌いなものは愛せなくて当然。だから、いらない縁を切ることは全然いけないことではありません。いらない縁を排除する自分のおぞましい感情をなかったことにしないでください。

自分自身から湧き出るすべての感情を許してあげてください。そうしてあげることが、自分に対する本当の愛しさ、優しさだと思うのです。

よく毒舌を吐いている人のほうが愛されたりしますよね。それは、毒舌を吐く自分を許しているからなのです。

自己愛レベルが高いので、結局、愛されてしまうのです。

縁を切ることへの恐怖は、自分を信用していない証拠

それでも縁を切ることに罪悪識を感じているなら、それは、自分が捨てられたくないだけです。そもそもいらない縁なら、捨てられても痛くもかゆくもないはずなのですが、それでも縁にしがみついていると、その間に、自分自身にそっぽを向か

れてしまいます。

「捨てられたくない」という気持ちを突き詰めると、自分には力がないから万が一のときのためにつなぎとめておきたいという不潔な心です。

まるで、ダメな彼氏なのに、寂しいから一緒にいて欲しいと引き止めるダメな女のよう。こういう人は、心も体も貧困劇場から抜け出せないのだと思います。

結局、自分一人では何もできないから、今あるものは放したくないのです。これって、何かあったときのためにとっておこうと、どんどんものをためこむゴミ屋敷と同じですよね。

大切だと思ってとっておいたものが、じつはゴミだったらどうしますか？

いらない縁をつなぎとめておく人は、まさに精神的なゴミ屋敷状態だってことに気づいてくださいね。

不純な人脈はつくらない

有名な人、権力のある人には近寄らない――これは、私が子宮委員長はるの頃から心がけていることです。

壱岐島にきて半年くらいたった頃、島で人脈を持っていそうなおじさんを偶然お見かけしました。

その頃、壱岐島でやりたいことがあり、「その方にお願いすれば、いろいろなところに交渉しにいく手間も省けるかも。こんなチャンスはめったにないんだから、今ここで声をかけなければ、この先の壱岐島での人生をムダにしてしまう」と一瞬よこしまな考えがよぎりました。

でも、すぐに「私は、この人の人脈を見ているだけで、この人を見ているわけではない」という声が自分のなかから聞こえてきました。おかげで、その方に声をかけることを踏みとどまることができました。

第一、誰かが、私の人脈目的に声をかけてきたとしたら、絶対にいい気はしません。そう考えたら、相手に失礼なことだと思ったのです。

それに、私がやりたいことを思い切りやるには、やっぱり全責任を自分で持ちたい。誰かの顔に泥を塗らないようにと気にしながら何かをするって、すごく不純だと思うのです。

人脈を持っていそうな人がいるとつい頼りたくなるかもしれません。でも、自分のメリットを考えて近づくなら、その時点で不純。誰かにあやかろうとする限り、その人の顔色を見ながら生きていかなければならなくなります。

自分にそんなことはさせたくない。だったら、不純な人脈はつくらないに限ります。

これ、快適なヒキコモリを実現するための鉄則です。

人間の最大の欲望「つながりたい欲」が、人生を混乱させる

先ほど、島に移住した当初、人間関係のトラブルがあったと言いましたが、時間がたつごとに「あれ、そのほうが都合いいじゃん！」と思うようになりました。

好かれよう、褒められようという、気持ちを少しでも持つから負担になって疲れるんだということが、島にきてよくわかったのです。

この島で一人で生きていくと覚悟を決めると体力もついてきて、やりたいことであふれ出しました。そのことに夢中なので、地元民、友人、仕事関係でも、新しい人脈は必要ありません。「どうぞ、ヘンな人だと思って、絶対に近よらないでください。そうです。私は危険です。嫌われていたいし、話しかけないで！」と思えたら、すごく楽になりました。

それにしても、なぜこんなにも人は一人で生きることを恐れるのでしょうか。

冷静に分析してわかったことは、人間の最大の欲望は、金でも美でも愛でも、権力でも、名誉欲でもなく、「つながりたい欲」ということ。だから、人間関係で混乱する。悩まなくていいことで悩むのです。

「人は一人では生きていけない」と熱く語る人がいますが、その言葉に流されないで欲しいと思います。人は一人で生きていけないことはわかっているけれど、だからこそ一人で生きて欲しい。そうしたら、本当の意味で、人は一人では生きていけないということがわかります。

私はこの島にきて、どんなに一人を望んでも、人は一人になれないことも知りました。ヒキコモリを決めて、新しい出会いはいらないと思ったけれど、私に会いにきてくれる人もいれば、新しい出会いもちゃんとあるのです。

本当にありがたいな、って思います。一人を望むほど、天は清らかな人脈を与えてくれるのです。だから、自分の気持ちを清潔に保つことが大事なのです。

女の体は孤独を感じやすくできている

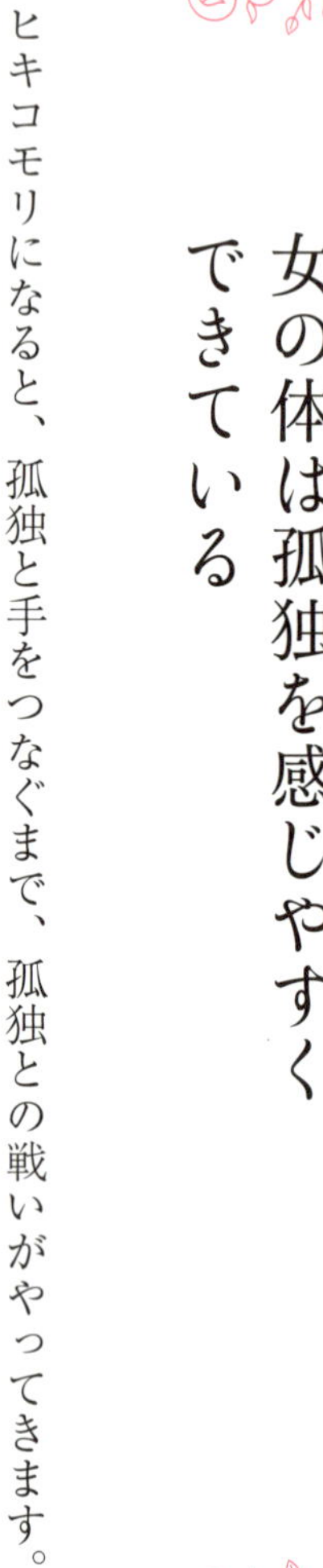
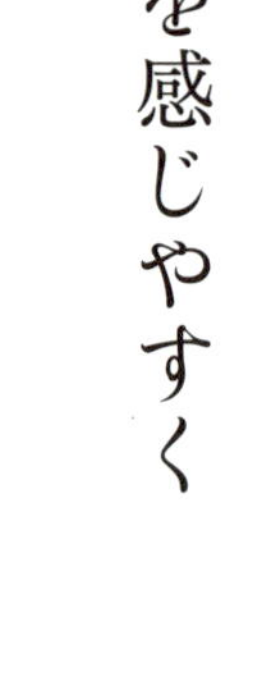

ヒキコモリになると、孤独と手をつなぐまで、孤独との戦いがやってきます。

では、どうすれば孤独と仲良くなれるのかというと、そもそも女性は孤独を感じやすい体だということを自覚することです。

だって、**女性器は穴があいていますよね。そもそも「足りない」と思いやすい体なのです。**男性と女性を比べると、女性のほうが圧倒的に「愛されたい」「満たされたい」と思っている人が多いのは、穴があいているせいです。

一方、男性はというと、男性器が外に出ているので冷えています。そのため、「人肌恋しい」とか「包まれたい」という感覚です。

なぜ、性器の形で男性と女性の質がわかるのかというと、体の形は心のあらわれ

だからです。もともとの性質を性器が形としてあらわしているのです。

女性は、受け入れる性。そこがわからないと、いつまでたっても「愛されない」「満たされない」と思ってしまいますよ。

そもそもふさがらないのです。

だったら、孤独と手をつなぐしかないと思いませんか？

愛されない、満たされない。それは、女性だから。足りないと思うことがダメなわけではありません。孤独が悪いのではありません。

足りないと思うと、反射的に、外から何かを得てその分を埋めようとしがちですが、そもそも足りなくてＯＫ。それが女性というものです。

体の形は心のあらわれ。体を理解してください。それは、心を理解することと、イコールです。

自分と暮らせれば、誰とも暮らしたくなくなる

孤独は自分と二人きりになれる優雅な時間です。

これについては拙書『恋と愛の進化論』でも書きましたが、私たちは孤独なときくらいしか本当の自分とゆっくり向き合えません。普段思考が働き忙しくしているときは、本当の自分を感じられないのです。

けれど、孤独なときこそ本当の自分を深く感じ、その時間こそ人生で唯一の優雅な時間だと思えるようになると、本当の自分としっかりつながれるようになります。自分と暮らしていることがとっても心地よくなるので、誰かと暮らしたいと思わなくなるのです。

誰かと暮らさないと寂しいと思っているなら、まだ孤独を愛せていない証拠。自分と暮らせないから、誰かと暮らしたくなるのです。

孤独と手をつなげば、ヒキコモリ生活がどれだけ豊かなのかを体感できるようになります。

無駄口をなくすとスピードアップする

離島に引きこもったら、都会にいるときよりもペースダウンするイメージがありませんか？

でも、私はその逆。都会にいたときよりも、何もかもがスピードアップしています。とにかく現実化するのが速い！

たとえば、オンラインビジネスを収録して発売するという場合、コンテンツや構成を練って準備をしたり、撮影の手配をしたり、資金集めをしたりなど、いろいろやることがありますよね。

でも、いつの間にか人が集まっていて、収録が始まっていて、お金はどこに流れてというふうに、ワープしている感覚で短時間のうちにいろいろなことが動いているのです。

東京にいたときより確実にスピードアップしているのは、どうしてだろう？ と思ったら、人間関係と情報の遮断（しゃだん）をしているからだと気づきました。

惰性的な人間関係と、ダダ流しの情報をただ自分に入れていると、いくら、静かな田舎に住んだとしても、変わらないどころか、ますます悪化するかもしれません。

私は東京にいたときから、元々人付き合いが少ないです。子どもは元夫の岡田が引き取っていたし、龍平さんとも別居婚をしていたし、おまけに、自営業だし、スタッフも2〜3人。

親も近くにいない、近所付き合いがない、仕事の付き合いもない、友達もいないって、最高にシンプルな生活をしていました。

そして、離島移住したら、わずかしかいない会える人たちにも会えなくなりました。島にきても新しい人脈をつくる気がないので、会話する人といえばスタッフ二人と、たまに乗るタクシーの運転手さんくらい。

つまり、**島にきてから無駄口がないことに気づきました。私は、無意味な会話に時間をとっていません。**

あなたは、1日に何人とどれくらいの時間を、会話に費やしていますか？　自分の無駄話（愚痴や答えの出ない相談）のために、他人の時間を奪ってる人はいませんか？

それは、誰かに話したい衝動の自分自身に喰われているのです。だから、無駄口が多いとエネルギーのダダ漏れで、運気が下がり、スピードもダウンしてしまうのです。

自分の本心を知れば、無駄口はなくなる

どうせ伝えたいことがあるならブログに公開して世界に聞いてもらいましょう。それで、ネタがひとつできますよ。

「そうはいっても、書けない……」と言う人は、自分のグタグタした話を知り合いに聞かれたくないからではないでしょうか？

つまり、こっちをちゃんと見てくれている人には話せないわけです。どうでもいい人にじゃないとはけない愚痴や相談なのです。

どうしても、愚痴や相談を聞いて欲しいときは、友達を無料のカウンセラーに仕立てあげるのではなく、お金を払ってくださいね。はけ口に使われているほうも、使っているほうも、奪いあっているってことに気づいてください。


もし、その状態で都会から田舎に引っ越したら、ますます絡まります。

都会はドライだけど、田舎にくると、家と家の距離は離れているのに、エネルギーが生々しいのです。すぐ噂話になるし、ましてや地元や血縁関係がいる田舎にいくと冠婚葬祭など何かあるたび行かなければいけなくて、引きこもれません。

優雅なヒキコモリをするなら、血縁関係のいない田舎に行くか、血縁関係が近くにいるなら、その血縁関係を切ること。仲が悪くなるという意味ではなくて、依存を解くという話です。


人付き合いは、自分との付き合い方そのものです。自分の本心がわからない人

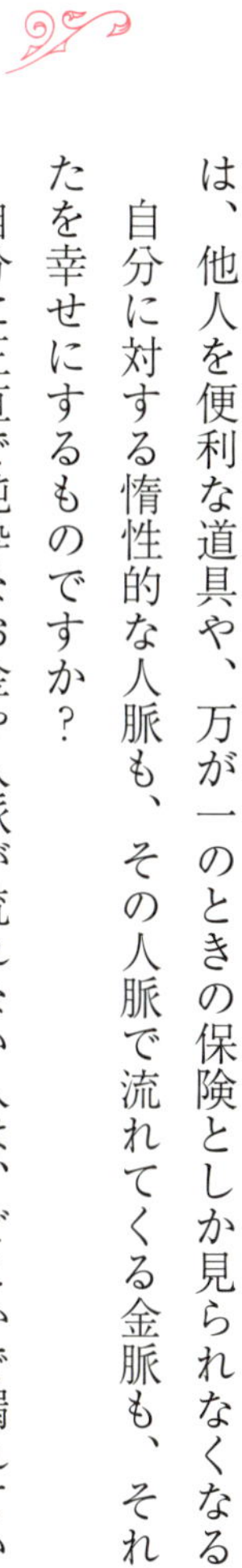

は、他人を便利な道具や、万が一のときの保険としか見られなくなるのです。

自分に対する惰性的な人脈も、その人脈で流れてくる金脈も、それは本当にあなたを幸せにするものですか?

自分に正直で純粋なお金や人脈が流れない人は、どこかで漏れているだけなのです。

だから、自分の本心を知って、無駄口をなくすこと。そうすれば、どうやったって運気上昇するしかありません。

どれだけ人気なのか、どれだけ数字があるのか、どれだけ結果を出したのかは関係なく、誰もがどこにいても運気上昇して、スピードアップできる秘訣なのです。

想念のノイズがない快適生活

人に合わせることなく自分の本心のみで生きられるようになると、田舎に引きこもるメリットを存分に享受できるようになります。

何よりもいいのは、雑念がないこと。人口が少ない分、物理的に電波もそんなに

飛んでいないし、人の想念も飛んでいないので、よけいなノイズを拾わなくていいのです。

東京にいたときはわからなかったのですが、壱岐島に住みだすと、各段に空気がおいしくて、風が気持ちいいことに気づきます。人が少ないので、車の運転をしていても、停まるのは赤信号のみ。渋滞がありません。

役所に行っても、銀行に行っても、順番待ちすることなくとってもスムーズ。なんにもつっかかることがないので、お金の流れも、人脈も、情報脈も全部スムーズにいくのです。

また、東京では、突然わけもなくネガティブな気持ちになることがありましたが、それは、誰かのネガティブな想念（意識）を拾っていただけなのかもしれません。

誰かのノイズを拾ってネガティブになるって、もったいないですよね。だったら、自分のためにネガティブになりたい。あくまでも自分に集中！

その結果、私の発信する鮮度もよくなりました。

外からの情報を遮断できないと、ヒキコモリに失敗する

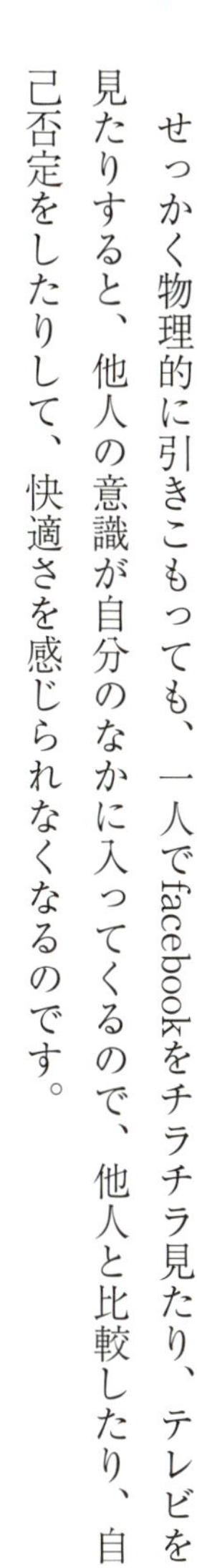

先ほど、東京にいたときより確実にスピードアップしている理由として、人間関係と情報の遮断と言いましたが、ここでは情報の遮断について考えてみます。

まず大前提として、ヒキコモリとは、すごく快適なものです。けれど、なんとなく取り残された感があって快適を感じられないという人は、意識が引きこもっていない人です。

せっかく物理的に引きこもっても、一人でfacebookをチラチラ見たり、テレビを見たりすると、他人の意識が自分のなかに入ってくるので、他人と比較したり、自己否定をしたりして、快適さを感じられなくなるのです。

私は、必要な情報は自分が生み出せると思っています。孤独を愛し、本当の自分と二人きりになると、本当の自分と対話ができるようになります。すると、必要な情報を私の脳内に神様があげてくれるようになるのです。私から出たアイデアだけど、私のアイデアではない。何かが「そうさせている」という感じです。

情報を得るために何かを見たり、聞いたりなんてしません。自分との対話で十分！　そう考えると、やはり静寂のなかに神様っているな〜と思うのです。

私の家にはテレビがありません。東京にいたときは、息子がテレビで子ども番組やアニメを見ていましたが、息子と離れて暮らしている今は必要ないので置いていません。

いろいろなメディアがありますが、なかでもテレビとfacebookは「世間」だと思うのです。他人の日常、子どもの自慢、世の中の動向……そんな情報を見ていると、世間に染まってしまいます。

一方、マンガや本、映画、ゲームは、テレビやfacebookとは性質が違います。これらは誰かと比較するわけではなく、自分のなかでダイレクトに感じるもの。世間

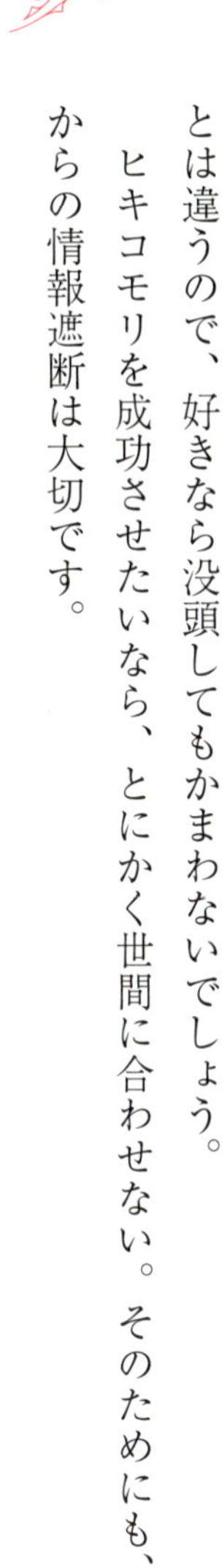

とは違うので、好きなら没頭してもかまわないでしょう。
ヒキコモリを成功させたいなら、とにかく世間に合わせない。そのためにも、外からの情報遮断は大切です。

自分のネットサーフィンにはまる

自己啓発系のセミナーでも、ネットサーフィンはやめるという話を聞くことは多いのですが、じつは私はネットサーフィンはめちゃくちゃしています。

何を見ているのかというと、自分が過去に投稿した記事。過去にさかのぼって、そのとき自分が書いた記事を見ながら、「いいね〜」とニヤニヤしていると、あっという間に3〜4時間たっています。

以前は、仕事でも恋愛でもどうやって相手を振り向かせるのかノウハウばかりが気になって、誰かの情報を見るネットサーフィンばかりしていた時期がありました。でも、そうするたびに、さらに虚しくなりました。

そんなに一生懸命、誰かに振り向いてもらいたいくらい、私は私のことを魅力がないと思っているのだな……と思ったのです。

でも、過去に投稿した私の記事は、心のなかにズルイ自分と仲良くなる過程がいっぱい書かれていて、見ているだけでほれぼれするのです。

過去の自分にグッドを出せるって、自分に忠実に生きてきた証。だから、過去の自分の記事を見ていると、自己肯定感がグッとあがるのです。

ブログやSNSなどで自分のことを発信している人は、リアルな自分と一致した内容のブログを書くことが大事。

その積み重ねが自分を信頼することにつながるのですよ。

人脈の源泉は、自分の奥につながるほどつかめる

引きこもっていても、人脈はつながります（ここでいう人脈とは、たくさんの人とつながる脈という意味）。

あとで詳しく話しますが、自分の居場所づくりとして発信している「自分ビジネスオンライン講座」をフォロワーにおすすめしているときに、それを感じました。

実際、そのときの私は講座に申し込んで欲しい気持ちはなく、どれくらい考えてつくりあげた講座なのか、それがいかにおすすめで、人生がどう変わるのかなどを、ものすごい熱量で発信していました。

毎日ブログ、インスタライブを繰り返し、それでも足りないというくらい発信したのですが、ここまでできたのは自分に集中していたからです。

いつもなら、「こんなに告知したらウザいと思われないかな？」とか「人が集ま

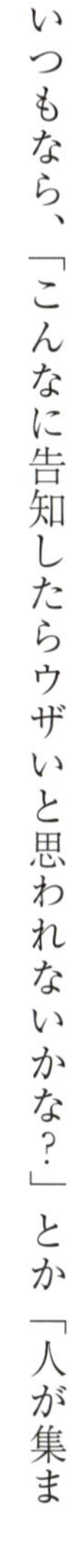

ってないと思われないかな？」という気持ちが出てくるのですが、このときは自分に集中していたので、自分で気に入ったものができたからお客さんがこなくても満足、という気持ちでした。そうしたら、なんと1万人越えという、驚くほどたくさんの人が申し込んでくれるという現象が起こったのです。

このときの自分を俯瞰するうと、外野の想念や集合意識を拾わずに、意識をどんどん子宮のほうへ落としていった状態です。

そのときの私は、世界で一人ぼっち。外野を見ていないので、本当に一人ぼっちなのですが、自分の奥深くにつながればつながるほど集中力を持ち、そのときに発した言葉は人の潜在意識に入ることを実感しました。

そして、それこそが、自分のなかにある「人脈の源泉」だと思いました。

人の目線を気にする自分をかき消し、自分が伝えたいことに一生懸命になればなるほど、自分の心をつかめるのです。自分の心をつかめたら、人の心もつかめる。

自分のなかにある人脈の源泉を信じてください。誰のなかにも必ず存在しています。

自分を貫き通すと奇跡的な人脈とつながる

私のプロデュース商品として、美容では「美神」、雑貨では「ブレスガーデン」というレーベルが立ちあがっていますが、それは、奇跡的な人脈とつながったことがきっかけです。

「美神レーベル」から出た美容クリームの開発者は、もともと添加物に携わるお仕事をされていたこだわりのある70代の男性社長さん。誰かとコラボすることなど絶対にありえなくて、大企業や芸能人からのオファーもはねのけるほどの方なのです。なのに、あるご縁で私のことを知っていただき、コラボしてくださることになりました。

その社長さんは成分にこだわり、私は使い方と効果にこだわり、ゆずらない頑固さ二剰でできた美容クリーム。成分も完璧なうえ、あまりにも簡単にキレイになるので、美容のプロも唸る商品に仕上がりました。

これを、ブログで告知したら、なんと初回1500個は即完売。さらに、1500個追加して、次回の生産までのんびり売っていこうと思ったのに、それも一気に売れて、また完売になりました。

また、「ブレスガーデン」というレーベルからは、私の心臓音鼓動入りのヒーリングミュージックを発売したのですが、この音楽を手がけたプロデューサーは、なんとジブリの『千と千尋の神隠し』も担当した方。私が口説いたわけではないのですが、気がついたらご縁がつながり、面白い企画として立ちあがっていたのです。

しかも、今の時代CDは3000枚売れればいいと言われるのに、1回ブログで告知しただけで、あっという間に1000枚完売。

美容クリームの開発者も、心臓音鼓動入りCDのプロデューサーも、その業界では超有名な方なので、お金で動く方ではありません。私を面白がってくれたからこそ、動いてくれたのです。それは、私が私を貫き通したからだと思っています。

ヒキコモリでも引き寄せは起こる

さらには、私が力を入れている「自分ビジネスオンライン講座（詳しくは、139ページ参照）」に外部講師としてお願いした一人のロンズーさんとは、壱岐島で出会いました。

ロンズーさんは、ビジネスマーケティングのプロで、自ら会社経営や学園経営などをされている方。島で何度かお会いする機会はあり顔は知っていたのですが、その程度でした。

でも、ある日、島内のイルカパークにふらりと出かけたときに、ロンズーさんがいたのです。そこで話をしたことがきっかけで、ロンズーさんが私のビジネスの仕方に興味を持ってくれ、なんと私が売り上げをつくりだす秘密を2冊分の資料にして提出してくれたのです。

ロンズーさんが私を分析する視点がすごく面白くて、うっとり♡

才能、能力だけでなく、経験、実績もそなえ人間性まで豊かな完璧な方。外部講師はロンズーさんしかいないと思い、お願いしました。

実際、ロンズーさんと対話するたびに、自分が恐ろしいことをやり続けてきた真実が明るみになり、大興奮！　本当に贅沢なビジネスパートナーを見つけたと思っています。

これを引き寄せと言わず、なんというのでしょうか？

プロ視点で八木さやを分析できる人を探していたら、出会えました。

私はヒキコモリの最先端。ヒキコモリながらも、必要な人、欲しいものにはちゃんと出会えます。

外に出ろ出ろ、行動しろしろって言う人もいるけれど、内にこもって決断したら、世界は動く。

それを信じられたら、どんなものも引き寄せられます。

集団に依存した先にある孤独のホール

誰のなかにも「人脈の源泉」はあるのですが、人の目線を気にする自分がある限り、人脈の源泉はあふれ出ることはありません。

では、なぜそんなにも人の目を気にするのかというと、学校に通い、会社に通うなかで、「いかに集団で生きるか」を教えられてきたからです。

おそらく多くの人が、確定申告の仕方も知りませんよね。それは、会社の経理がやってくれるから。お金の流れもわからないので、稼ぎたければ、どこかに働きに行くしかないという発想しか生まれないのです。

こうして集団に依存すると、自分一人では何もできないというふうに自分の意識が縮小してしまいます。だから、どんどん外に求めるようになる。でも、外に求め

れば求めるほど状況は悪くなり、虚しさでいっぱいになるので、本当に一人ぼっちになってしまうのです。

この現象は、孤独慣れしていないから起きることです。孤独からいかにして逃げようとしてきた結果、孤独のホールに落ちてしまうのです。

自分に刺さる言葉を言えれば、楽しく生きられる

今、小学生や中学生のヒキコモリが社会問題になっていますが、子どもが不登校になると、親がなぜ悩むのかというと、「集団行動に参加させなくていいのかな」という気持ちになるからではないでしょうか？

「集団＝社会」という固定観念に囚(とら)われているので、集団のなかで他者とのコミュニケーションがとれなければ、将来食べていけなくなる、と恐れているのです。

でも、**どれだけ他人とコミュニケーションがとれたとしても、自分の気持ちが言えないのであれば、コミュニケーション能力があるとは言えません。**

コミュニケーション系の本には、よく「相手の心をつかむのが大事」など、相手

が先にくるものがほとんどですが、相手よりも、まず「自分の心をつかむ」ということが大事で、前に話したように、自分にグッとくることを言える「明言力」があれば十分なのです。

たしかに、自分に刺さる言葉を言えるかは、一人きりだと話さないので、他人とコミュニケーションをとらないとわかりません。だからこそ、ヒキコモリながら、ブログやユーチューブを使って発信すればいいのです。

ブログやユーチューブで発信するとなれば、自分の言葉で何かを伝えようと思いますよね。自分の気持ちさえ言えれば、別に不登校だって、ヒキコモリだって、どこに行っても、誰とでも、楽しく生きることができるのです。

明言力がなければ、社会に出たって、意味はありませんよ。相手を理解しようとか、自分はどう見られているのかとか、文句を言われないようにしようとか……。そんなことを考えて社会に出ても、ただの体力の浪費です。

今必要なのは、自分に刺さる言葉を言える「明言力」。明言力があれば、自分の社会を楽園にできるのです。

自分に集中すると、言葉のキレ味が増す

もう少し、「明言力」の話をします。

先ほども言ったように、私は壱岐島にきてから、本当に人と会う時間が少なくなりました。他人とリアルにコミュニケーションをとる時間が少なくなったので、あまりしゃべらなくなりました。

そうなると、結局、独り言や自分との対話が多くなるのですが、そんな状態で急に人と会って話をすると、本音が出やすくなりました。ボロッと出てしまうのです。自分のことを「性格悪い～」って思いますが、それが気持ちいい（笑）。

そんな経験から、じつは「人断ち」したほうが、コミュニケーション能力はあがるのではないかと思っています。

繰り返しますが、私のコミュニケーション能力は、「明言力」があることです。**誰に対しても自分の気持ちをバシッと言えること。**

人がたくさんいるなかでコミュニケーションをとっていると、どうしても、「相手の話も聞かなきゃ」とか人の顔色をうかがったりしてしまいます。

でも、壱岐島にきたらそもそも人と接しないので、自分だけに集中できる。だから、言葉のキレ味が増したのです。

よく考えると、独り言も自分との対話も、周りの目を気にしないで本音しか言わないですよね。その状態に慣れているので、人と会っても同じ自分を出せるようになりました。

そして気づけば、仕事や現実が、超スピードで優雅に進んでいます。物事がスムーズに進まないと悩んでいる人は、きっと、気を使ったり我慢したりすることが何かしらの妨げとなっているのでしょう。

なんの曇りもない本音や本望は、現実を実現させるための要(かなめ)なのかもしれないなぁと、今さらながらに改めて思うのです。

明言力が増した今、自分自身がますます面白くて、ますます大好きです！

こんなに面白くて愛しい人ってほかにはいないでしょ、と思うくらい自分が大好きで、大嫌いです（自分のことが嫌いだなと思うことすら、自分に許しているので、そう思うこともあるよ、という意味です。本当に嫌っているわけではありません）。

人は生きていると、自分以外の何かや誰かに興味を抱きがちですが、本当は自分って、何よりも誰よりも興味深いものなんですよ。

言葉は変だけど、「私がいてくれたら、一生食いっぱぐれはないな」と思うのです。自分に養ってもらって生きていきます。

「私は〜」から始まる言葉で、明言力を鍛えるレッスン！

「明言力を高めたいけど、どうしたらできるようになるの？」とお悩みの方は、まず最初に「私は〜」と口に出してみてください。

そうすると、その後に、自然と「私はどうしたいのか」という言葉が紡ぎだされていくはずです。

世の中の人は、こんなふうに話します。

「みんなはそうしてるし〜」
「会社・職場だから〜」
「やらなきゃいけないし〜」
「そう決まってるし〜」

あなたはどうですか？

常識や世間体で自分の意思を圧し殺さないでくださいね。みんな同じでも、私は違うこと、あなたが違うことはあるわけです。

団体行動で自分だけがトイレに行きたくなったとき、なかなか声をあげづらかった少年・少女期の思い出ってありませんか？

やっとの思いで、勇気を出して声をあげたとしても、誰も傷つきませんよね？

それと同じで、怖いのは自分だけなのです。

そもそも人間って、集団をはみ出ることを怖く思う生き物なのです。なぜなら、その先には自由があるから。みんなを差し置いて、自分だけ自由になることに怖さを感じているだけなのです。

明言力を高めるためには、自分に正直であること。自分の言葉を話せること。自分の言葉で話せれば、どこにいても、自分の居場所をつくることが可能です。

本当の味方は、いつだって自分だけ

何かイヤなことがあったときに、女性ってすぐに友達に電話をして愚痴っぽいことを言ったり、すぐ人に相談したりする傾向がありますよね。

でも、そういうときこそ、誰かに電話をするのをやめて、自分を励ますことができるようになると、世界はちゃんと自分のために動いてくれるようになるのです。

寂しいときこそ、自分と二人きりで自分を励ます。孤独と手をつなぐことが何よりも大切です。なぜなら、孤独のなかに神様がいるからです。

自分自身とは「自分自神」でもあるように、自分と向き合ったときに、神様が動くようになっているのです。

神様とは、守護霊様、ハイヤーセルフ、ご先祖様などすべてを含む自分を応援し

てくれる存在のこと。

孤独を抱きしめると、女性の腟の吸引力によって、エネルギーが正しく回転し始めるのです（女性の腟はブラックホールのように、なんでも吸い込む力がありま す）。

だから、孤独と手をつないだ女性は、宇宙に存在するさまざまな法則がはまり始め、お金も人も情報も欲しいものを引き寄せられるようになるのです。


今、私は常に孤独と隣り合わせですが、常に神様が自分の分身のように、スタッフとして存在しているような感覚です。

神様（本当の自分）がやりたいことを私の脳内に思考としてあげてくれて、私を現実世界で動かすためにサポートしてくれています。

私は人間社会ではエリートになれませんでしたが、神様界ではエリートです。社会常識の一切を捨てているので、常識に囚われることなく動けるからです。

孤独を愛せるようになると、神様に応援されるようになるのです。

こんなふうに、孤独と手をつなぐと神様のサポートを得て、一気に夢の加速度が増していきますが、そこをわからず、寂しいからといって誰かと飲んで紛らわせたり、電話をかけたりすると、共にいてくれている神様を裏切ることになるので、エネルギーが逆回転して、何事もうまくいかなくなってしまいます。

無意識に生きていると、反射的に誰かに会ったり、電話をしたりしてしまうので、意識して過ごしてみてください。

一方、結婚していて小さなお子さんがいたりすると、毎日忙しくしているので、孤独を感じる暇がありません。

孤独を味わえない環境にいると、自分は孤独ではないと思ってしまいがちですが、そういう人こそ、自分一人の空間を持って、自分と対話する時間をつくってみましょう。

孤独を感じ、孤独と一緒に生きていくと決めることができれば、常に寄り添っていてくれる夫や子どもたちの存在に、深い感謝の念が湧きあがってくるはずです。

あなたのやりたいことは何？
本当はどうしたいの？
欲をかなえてあげることで、
生命力がよみがえる。

第3章

やりたいことだけやる「ハッピーなヒキコモリライフ」

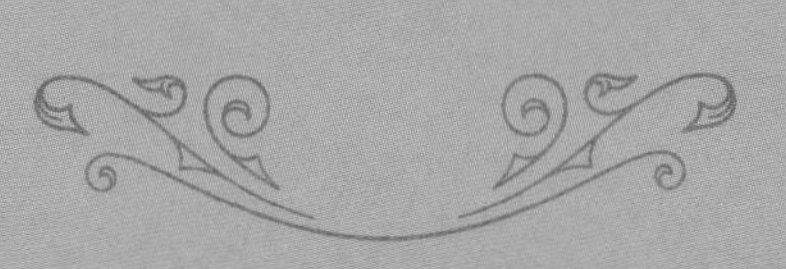

まずは自分の今いる場所を疑ってみよう

ヒキコモリというと、よくないイメージがありませんか？
ヒキコモリを社会問題にするのは、社会に出ないとお金を得ることができない、結果、生活していけないと感じるからです。もし、家にいながらお金を得ることができれば、引きこもっていても、なんら問題はないと思うのです。
そこで、この章では、ヒキコモリと仕事について考えてみたいと思います。

まず、質問です。
今の職場は楽しいですか？

それほど楽しさを感じられないけれど惰性でその場に居続けているのであれば、

それを選んでいる自分を疑ってください。

「仕事はお金を得るためにするものだから、楽しいことばかりじゃない」と会社勤めをしている人もいますが、本当にそうでしょうか？

体にムチを打って会社に行くほど生活のために必死になれるのであれば、自分で仕事を始めても必死になれると思うのです。

会社に文句を言いながらも、その生活を改善しようと思わないのは、「誰かの言うことさえ聞いていれば生活はできる」という思いがあるからです。

つまり、第1章でも話した、〝体の楽〟よりも〝心の楽〟を選んでいる自分がいる。その場所を選んでいるのも自分なのです。

自分のいる場所に疑問を持ったら、「私は、〝体の楽〟よりも〝心の楽〟を選んでいない？」と自分に問いかけてみるといいですよ。

ただし、この話に当てはまるのは女性の場合。もちろん、男性のなかでも女性性の強いタイプは同じかもしれませんが、龍平さんの見解によると、男性は文化的に「主」が欲しいようなのです。

男性は言われたことをやるのが向いているので、会社に仕えたほうがうまくいくのです。でも昨今は、会社に仕えたくても、会社への不信感がぬぐえず仕えられない男性も多いでしょう。

だったら、誰に仕えればいいのかというと、女性です。女性に仕えてそのために働いたほうがうまくいくのです。

事実、「奥さんに言われたことをやって喜ぶ顔を見るのはうれしい！」という男性は多いですよね。

だから、男性でも体がきついのであれば、妻に従事するのがおすすめです。

自分の社会は、誰でもつくれる

誰かのつくった社会、いわゆる「他人の領域」のなかに行けば、そこのルールに従わなければいけないので、自由にできません。

そうは言っても、自由になるためには、他人の領域に行かなければならない、という感覚を持っている人は多いのではないでしょうか？　たとえば、家族で旅行をしたいけど、夫の給料だけでは厳しいから、妻がパートに出て働くなど。

もちろん、パートに出ることが悪いわけではありません。でも、自分で自分の社会をつくることができるとわかれば、パートに出る必要もなくなります。

つまり、**自分で仕事をつくることができたら、わざわざ外に働きに行く必要はない**のです。

都会でサラリーマンをしていると難しく感じるかもしれませんが、私は壱岐島にきて、昔ながらの商店街がちゃんと生きていることに感動しました。

本土の田舎に行くと、ほとんどがシャッター商店街だったりしますよね。でも、壱岐では、普通のおじさんがクリーニング屋をやっていたり、元気のいいおばちゃんが野菜や海産物を売っていたりして、シャッター商店街がないのです。

島に大型スーパーはあるけれど、昔ながらの商店街は島民たちの日々の生活圏として、潤(うるお)っているのです。

また、これは島の人から聞いた話ですが、壱岐の人は、「売れる」「儲かる」と聞くと、すぐその仕事に参入するそうです。

たとえば、土木がいいと聞けば土木をする人が増え、ガソリンスタンドが儲かると聞けばガソリンスタンドを開く人が増えるという具合に。

どこかに雇われるという考えがないので、いいと聞いたものは自分でやってみる。独立精神にあふれた、まるでひとつの国のような自営業の島。島民のたくましさを感じて、ますます壱岐島の人を好きになりました。

自分で仕事を始めるというと、いきなりハードルがあがった感じがするかもしれませんが、まずは〝やってみる〟ことが先決です。

風俗をやってわかった自分が経営者という発想

会社に雇われないスタイルで仕事をする自営業とは、いわば経営者になるということです。経営者と言うと「私、そんな器じゃないし……」と思う人もいますが、私が経営者になるのに壁を感じなかったのは、風俗をやっていたおかげです。

風俗もファッションヘルス止まりだと雇われている感覚なのですが、吉原で本番ありのソープ嬢になると、女の子のお給料から、スタッフの費用がさしひかれるという花魁（おいらん）のシステムが残っていて、女の子がお店を支えています。

当時は、風俗という社会の底辺で、「こんな人生を歩むはずじゃなかった」とネガティブになっていたのですが、ソープ嬢になって「私がみんなを支えているんだ！」と思ったら、経営者感覚になりました。

ソープ嬢のなかには、「自分にお客さんがつかないのは、店が繁盛していないからだ」と、店のせいにする人もいます。

でも、経営者感覚になると、自分にお客さんがつくかつかないかは自分しだいだと思えるようになったのです。

そう考えたら、お客さんに媚びを売るよりも、自分が気持ちよくなれば、相手も気持ちよくなるはずと思い、やりたくないことはやらずに自分の快楽を追求することを徹底しました。

すると、ひっきりなしにお客さんがつくようになって、最小限の出勤日数でたくさん稼げるようになりました。

さらにソープ嬢でよかったことは、ほかの女の子と会わないことです。一人にひとつ部屋が与えられるので、基本部屋に入ったらそれぞれが好きなことをして、干渉しないシステム。まさに、ヒキコモリです。

会社員の人でも、自分が会社を支えているという経営者感覚になろうと思えばなれるはずです。

ただ、会社員の場合は、周りの人たちと協力して仕事をしなければならないこともあるので、その点少しハードルが高いかもしれませんね。

それでも、「自分しだいで自分の社会はつくれる」という視点を忘れずに仕事をすること。その積み重ねで、経営者感覚が育っていくのです。

親を超えるときに感じる「罪悪感」と「恐怖」

自分で自分の社会をつくるとは、これまでの固定観念を捨てて自由になることです。すると、必ずある思いが湧き出てきます。
それは「親よりも幸せになってはいけない」ということ。

先日、そのことを感じた出来事がありました。数千万円の商談をしていたとき、「予算、あと1000万円、余裕があります」とさらっと言ったら、「こんなに使っていいのかな?」と一瞬かすった思いに気づきました。
「『こんなに使っていいのかな?』って、誰に聞いているんだろう?」と思い探ってみると、やっぱり親でした。私のなかに、「親より自由になってはいけない」という思いがあることを発見!

じつは誰もが、「親がしたことのないことを子どもの自分がしちゃいけない」と無意識に思っているのです。

たとえば、お金を使いすぎたとき、セックスしたとき、言いたいことを言ったとき、会社員をやめるとき、離婚するとき、社会からドロップアウトしたときなど。

罪悪感が起こるのは、親から自由になるからであり、〝怒られる〟と思うからなのです。

それは、〝突破〟を意味するのですが、人によってはそのまま進む人と、戻る人がいます。こんなふうに、突破のときに感じるのが罪悪感。そして、突破前に感じるのが、恐怖。

だから、罪悪感と恐怖を感じたら、親を超えるときなのです。

もっと言うと、その親はダミーであって、本当は自分の限界を突き抜けるとき。新しい世界を自分に与え、世界に自分を与えるときなのです。

現状に満足したふりをして、〝もっと〟を思わないようにしている人もいますが、それは親を超えたくないから。親がしたことのないことをしたら、もう本当に一人で立たなければいけない。だから、満足したふり、欲のないふりをしているのです。

でも本当は、今に満足しながら〝もっと〟を望むことが意識の拡大に広がるので、結果、人類貢献になると思うのです。


私は、今の生活に大満足です。でも、「10億円あったら何する?」と自分に問うと、「露天風呂をつくりたい!」でした。自分のためのプライベートビーチに、プライベートスパに、プライベートジェット。

親より自由な仕事をして、親より自由に稼いで、親より自由な恋をして、親より自由なセックスをして、親より自由な結婚をして、親より自由な家族になって、親より自由な生活をしていいのです。

親の幻想を捨てて、自分の限界を突破する人生を選んでください。罪悪感と恐怖は、あなたの人生の味方です。

罪悪感と恐怖が湧いてきたときは、「それでも私はやりたいの?」と自分にたずねてみてくださいね。

そこで出た答えが、あなたの進むべき未来です。

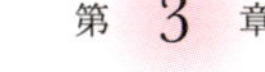

やりたいことがわからないなら「欲」を見つめる

私は、みんなに「自分ビジネス」をすすめています。自分ビジネスとは、ヒキコモリながら自分の社会をつくり、自分の居場所をつくる働き方。

自分がやってみたいことで開業する方法を伝えていますが、未だに「やりたいことがわかりません。何をしたらいいですか?」という人がいます。

この質問は他人に聞く質問ではありません。この質問をした時点で、どれだけ自分に失礼かを考えたことはあるでしょうか?

やりたいことすら、他人から与えられるのを待つ姿勢なら、自分ビジネスからはほど遠いので、どこかに雇ってもらったほうがいいと思います。

「やりたいことがわかりません」は、「自分のことをわかりたくありません」という宣言でもあるのですよ。

どうしてもわからない人は「欲」に注目してください。欲のないふりをしているのは、親を超えたくないからです。

欲がない人は、神様に「私はなんでもやります。だから、地球のために私をお使いください」と祈っているようなものです。こんなふうに祈られても、神様はなんて指示を出せばいいかわかりませんよね。

私は、欲が神様の指示だと思っています。自分の「あれしたい」「これしたい」「あれ欲しい」「これ欲しい」という欲は、個人の欲のように見えて、じつは周囲への貢献でもあります。

たとえば、家をリフォームしたい、という欲を持つとします。すると、リフォームのために、業者さんや職人さんが動きますよね。その業者さんは、会社の売り上げを伸ばすことで仕事への自信をつけ、その職人さんは、丁寧な仕事をすることで独立への夢を膨らませているかもしれません。

つまり、個人の欲を満たすには人とのかかわりが必要ですが、そのかかわりを持つことで、相手の欲も満たされることがあるのです。

だからこそ、清く正しく、普段から自分の欲を見つめる必要があるのです。

一昔前の宗教観や教育方針は、「誰かのために、みんなに役立つことをしましょう」でした。でも、今の時代は真逆です。

「あなたの本音は？」

「あなたの本望は？」

それを忠実に汲み取るだけ。

なぜなら、本音と本望は生きる力そのものであり、人間を支えている生命力だからです。

本音、本望、これを別名「性欲」とも言います。性欲とは、あらゆる欲の根底を支えているもの。だから、普段から自分の性欲をしっかり見つめていないと、よからぬ方向にエネルギー漏れを起こすというわけです。

神様から指令がきても、性欲に気づいていないと、社会貢献できないどころか、自分にすら貢献できません。

人は生きているだけで、誰かのためになっている。つまり、社会貢献している存在です。常に「自分はどうしたいのか？」ということを意識してください。誰かのために生きる必要はありません。

エネルギー漏れしていませんか？

資格をとる、名の知れた企業に勤める……それが、本当にやりたいことならいいのですが、無意識のうちに、親に認められるために資格をとる、これなら自分も楽しいし、お母さんにも心配かけないし、友達にも説明できる……と思っているなら、周りのことを考えすぎてエネルギー漏れをしている状態です。

だから、欲がわからなくなってしまうのです。

そういうときは、「自分のことしか考えない！」と決めてみてください。

私は、そう考えることで、社会に貢献できる力も大きくなっていきました。

みんなは、ハウツーに走りがちですが、正直なことをいうと、ハウツーは必要ありません。「ああなりたいし、こうしたいからこれをする」というだけで十分。

もっと自分の可能性を信じてみてくださいね。

モチベーションが低くても、やりたいことはやりたい！

引きこもって家で仕事を始めるというと、モチベーションがあがっているときだけ働く、というマイルールをつくる人もいます。

でも、私はモチベーションが下がっていても、働きます。「だる〜い、だる〜い」と言いながら、商品発売の計画を立てたりしています（笑）。

一般的には、エネルギーに満ちてモチベーションがあがっているときじゃないといい仕事ができない、と言われていますが、私は、「モチベーション」と「仕事」には、なんの関係性もないと思っています。

なぜなら、私の仕事に「やりたくない」ことなんてひとつもないからです。やりたいことだらけなので、疲れていてもやれるのです。

先日のこと、撮影チームの方と夜遅くまで収録をして、その後ご飯を食べて、お酒も飲んで、解散しました。翌朝からも撮影があるため、みんなホテルに帰ってすぐにベッドに入ったそうです。

私は、帰宅したあとインスタライブをして、その後、大きなスケッチブックにレジュメを拡大コピーをして張るなど、翌日の撮影がスムーズにはかどるような作業をしてから寝ました。

翌朝、そのレジュメを見たスタッフの方が、「これ、やる時間あったの？　しかも、インスタライブもしたよね。いったい、いつ休んでるの？」と聞くので、「昨日の夜のうちにやったよ」と答えると、「帰ってきてからやったの？　信じられない!!　ちゃんと寝てる？」と驚かれました。

私はブログやインスタライブでも「好きなことしかしない」と公言しているので、のんびりと自分本位で仕事や生活をしているように聞こえているのかもしれませんが、実際はやりたいことだらけなので、引きこもっていてもかなり動いています。

でも、自分では働いている感覚ではありません。自分好みの環境で、自分好みの仕事をしているので、何ひとつ苦に感じないのです。

そういうときは、〝潜在体力〟が出ているとき。だから、なんでもやれるのです。「やりたくないことはやらない」と言っている間は、やりたくないことがあるということ。自分の周りをやりたいことだけで固めたら、モチベーションが低いなんてことも、関係なくなるのです。

今の私は、「これもやりたい」「あれもやりたい」とやりたいことで脳みそがいっぱい。家事もやりたい、家のリフォームもしたい、インスタライブもしたい、オンラインビジネスもしたい……。自分の周りを「やりたいこと」ばかりにすれば、引きこもっていても幸せなのです。

「飽きた」は進化・脱皮のサイン

やってみたいことはあるけれど、そこまで積極的になれないという人は、本当は今の生活に飽きているのに、そこにまだとどまっている人です。

ただ、「飽きた」という感覚をキャッチするのは、難しいかもしれません。飽きた感覚を麻痺させないと、生きていけないと思っているからです。

本当は会社に飽きているけれど、やめたところで転職したいわけでもない。だったらお金を得るために会社員でいたほうがいい……。そんな囚われのなかにいると、せっかくの進化・脱皮のチャンスである「飽きた」という感覚を見逃してしまうのです。

私は、子宮委員長はるを7年間続けて、「もうやることないな。飽きた〜」と思いました。だから、引退を決めました。これまで、性に対する女性たちの重苦しい集合意識を引きあげようと自らを実験材料として自己開示してきましたが、やりたいことをやり尽くしたら、「性の癒しは終わった」と思ったのです。

子宮委員長はるを卒業することは寂しかったけれど、いつかは見切りをつけなければならないこと。

飽きたと思い始めたら、進化・脱皮のチャンス。そして、完全に飽きたら完了したというサイン。次に進化できるときなのです。

やりたいことをやらないから、体力がなくなる

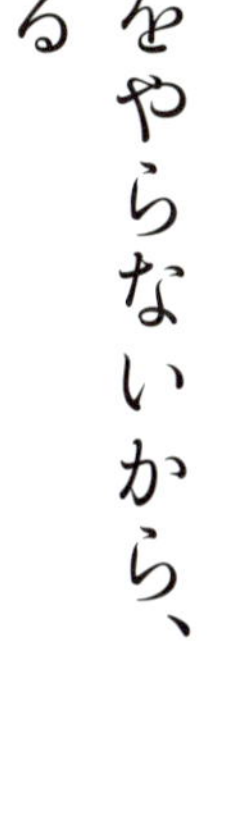

先ほど〝潜在体力〟の話をしましたが、インスタライブをしていると、「体力がない」というコメントを見かけることがあります。

でも、それ普通なので安心してください。

人間はそもそも、やりたくないことをやる体力は持っていません。やりたいことをする体力なら、たんまりそなわっているどころか、体力が増えていきます。

やりたいことをやれば疲れないというわけではないけれど、その疲れは体を進化させるための魂の計らいです。

以前の私は、やりたいことをやっているのに、好きなことをやっているのに、なんでこんなに疲れるんだろう?と落ち込むことがありました。もう一歩も動けなく

なってしまうのです。そのときは、本当にやりたいことをやっていなかったのだと思います。

今は、気づけば1日中動いています。先ほど話した撮影チームの人に驚かれた話にもあったように、最近は、仕事が終わったあとに、毎日のようにインスタライブをしています。この前は、お風呂上りにすっぴんでインスタライブをしました！

体力は使ったら疲れるものという考え方がありますが、本当はやりたいことをやらないから疲れるのです。

たしかに1日中動いていたら疲れますが、やりたいことをやっていると、疲れていても元気、すごくいい疲れ。それは、1日の行動のすべてに無駄がない証拠です。

ちゃんとできない自分を責めていませんか？

無駄の本当の意味って知っていますか？

それは、「やろうと思ってできなかった自分を責めること」。これが一番の無駄な

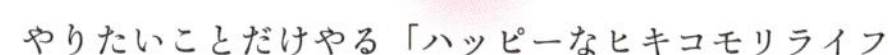

のです。

私も、体力がなかったときはちゃんとできない自分を責めていて、もう何年もの間そんな自分と戦っていました。いまだに、うっすら戦っていたりします（笑）。

でも、そういうときは誰かから文句ばかり言われて、よけいに疲弊していました。でも、ちゃんとできない自分を許すことに一生懸命になっていたら、いつの間にか評価が変わって褒められるようになり、疲れがなくなりました。

私、努力の仕方を間違えていたんだ、と気づきました。

誰かに認められる努力よりも、自分を許す努力をする――これは、とても大事です。

どちらも果てしない努力だけど、自分を許す努力のほうが、魂が満ちてくるのがわかりますよ。すると、自然と体力がついてくるのがわかります。

絶対やりたくないことこそ、やりたいこと

「あなたのワクワクすることはなんですか？　ワクワクすることを探しましょう！」というフレーズをよく聞きますが、そう言われてもよくわからないと思いませんか？

ワクワクって、絶対にやりたくないことです。これだけは絶対にやりたくない、ということがやりたいことなんです。

たとえば、私の場合、子宮委員長はるを始めるときがそうでした。「性のことを開拓するなんて、絶対にやりたくない！」と思ったのです。でも、ものすごい嫌悪感を抱くものほど、掘り下げるとすごくやりたいことなのです。

なぜ嫌悪感が出るのかというと、その人がそう思っているからですよね。同じことを聞いてもほかの人はそこまで反応しないのに、自分だけがものすごく反応するということは、やってみたいけど怖いからやらない、と思っているのです。

頭ではやりたくないと言っているのに、肚(はら)のなかではやりたくて仕方ない感覚。ワクワクよりもゾクゾクのほうがしっくりきます。

これは、使命レベルかもしれません。

でも、たいていの人は、当たり障りのないワクワクを見つけています。

「楽しみを見つける」みたいな感覚なのかもしれません。それを始めたところで、誰にも何も言われない。それがやりたいことと思うと、自分がわからなくなるのです。

私は以前、ネイリストをしていましたが、それはまさに当たり障りのないやりたいことでした。ネイリストに興味はあったし、ネイリストなら親にも友達にも堂々と言える……そんな動機だったので、別にやりたいことではなかったのです。

最初から絶対やりたくないものを始めるのはハードルが高いかもしれません。そんなときは、当たり障りのないワクワクからビジネスを始めてもいいのです。

行動しているうちに、本当にやりたいことにたどりつきますから。ずっと変化していくことを楽しんでください。

自己責任で生きると、好きな未来を選択できる

長年会社員などで雇われた生活をしていると、自分のなかから生み出すという発想がなくなるので、ワクワクがわからないかもしれません。

すると、「本当にこんな程度のワクワクで自分ビジネスを始めていいのかな？失敗したらどうしよう……」と不安に思う人もいます。

そういう人は、自分で責任を持つことが怖いだけ。本当は、自分で責任を持つことは、楽しいことです。


たとえばドライブをするとき、どこに行くか、安全に運転できるかなど全責任は運転手にありますよね。だから、助手席や後ろの席に座っていても、自分で行きた

いところに行けるわけではありません。

でも、自分がハンドルを握って運転をするならば、全責任を負うかわりに、どこに行くか、どんな道を通るのかは全部自分しだいで決められるのです。

壱岐島にきて初めて車に乗ったと言いましたが、初心者ドライバーのときは、車を動かすことに必死でした。でも、慣れてくると、前のほうから景色がやってくる感覚になりました。まさに、未来が目の前にあらわれて、好きなほうを自分で選択していくような感じです。

自己責任というと罪を科せられるような重たいイメージがありますが、じつは、自分でハンドルを握る楽しさと一緒。何をやっても、自分が責任をとればいいのですから、誰かに迷惑をかけることもありません。

「やりたいこと」は何をしてもOKなんです。

さあ、あなたは何をやりますか?

最初からビジョンは見えなくていい

自分ビジネスを始めるとき、当たり障りのないワクワクから始めてかまわないと言いましたが、最初から「これだ！」と思うものがなくてもかまいません。

私も、子宮委員長はるを始めた頃は、まさか壱岐島に住んでオンラインでビジネス講座を始める自分になっているなど、想像さえつきませんでした。

外さなかったのは、体を楽にする働き方をしたということと、自分に無理をさせないということだけ。ただ、それを徹底するような働き方に集中してきただけです。

自分ビジネスの目標は、「死」です。死で終わり、子どもや誰かに継がせないこと。毎日、古い自分を廃業し、毎日、自分をリタイヤさせる連続です。

起業というと、新しい自分が始まるようでウキウキされるかもしれませんが、逆です。死を目標にすると体を楽にしたいと思うので、自分にこびりついている垢（あか）をどんどん落とすことになります。

だから、ウキウキではなくシンプルになる状態。それが進化になるのです。

世にあるビジネスセミナーは、仕事をどう続けるか、どうモチベーションをあげるか、どうやって雇用を生むか、リーダーシップの重要性などが語られていますが、そんなことをしたら、心が死んでしまいます。

それよりも、死んだら終わり、というシンプルなほうが気楽。

いつ死んでもあっさり終われるようにと考えれば、肩の荷が下りて、体が死まで続くように、自然とビジネスを構築してくれるのです。

だから、自然と拡大するし、循環も大きくなるのです。

そう考えると、**自分ビジネスとは、本当の自分と二人きりでおこなうビジネスです。広がらないと悩んでいるなら、それは自分一人でビジネスをしているから。**

孤独と手をつないでください。それが繁栄につながります。

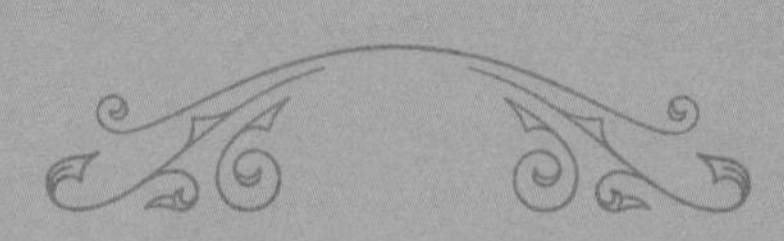

自分は最大の売り物。
誰もが自分で稼ぐ力を持っている。

第4章

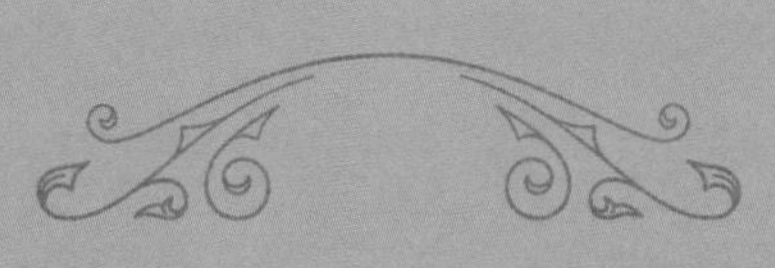

ヒキコモリながら、自分を表現して幸せになる方法

社会復帰せずに自分の居場所をつくるのが「自分ビジネス」

第3章では、ヒキコモリながら自分の社会をつくり、外に出かけなくても稼げることを伝えましたが、この章ではそれを実現するために、自分を表現して自己価値をあげる方法や考え方をお伝えします。

その前に、「8050問題」って聞いたことはありますか？

80代の親が50代の引きこもった子どもの生活を支えるという社会問題です。80代になったのにまだ子どもの面倒を見なければいけないとなると、もうお荷物でしかありませんよね。

でも、なぜこのような問題が持ちあがるかというと、ヒキコモリの解決法が社会復帰しかないからだと思うのです。

収入を得るのも、他人と交流するのも、外に出ないといけないと思い込んでいるから、ヒキコモリが問題視されるわけであって、本当は、**ヒキコモリながらも自分の社会をつくり、自分の居場所をつくり、ひとでなしのまま生きられる**んです。

それが、先ほどから話している「自分ビジネス」。

私が今一番発信していることです。

お金がない人を、私の世界から消したい！

「自分ビジネス」を実践してもらうために、私は「自分ビジネスオンライン講座」を立ちあげました。

私は一人会社で年商5億ですが、専門家のビジネスコンサルタントさんから見ると、異常らしいのです。たくさんのクライアントさんを見てきた会計士さんも、私のことを「化け物」と言います。

私はやりたいことをやっているだけなので、みんなもやりたいことをやれば引きこもっていても同じように稼げる力があると思うのですが、なかなかそうはなっていない。だから、いったい私に何が起こってこうなったのかを外から解説してくれる人が必要だと思い、生まれたのが「自分ビジネスオンライン講座」だったのです。

これは私が欲しかったビジネス講座を形にしたわけですが、そもそもなぜ私がビジネスの内容を伝えるかというと、商品をリリースするたびに「お金がないから買えない」というコメントを見て、腹がたったからです。

これまでブログでも、本でもお金を循環させる方法をたくさん伝えてきました。だから、私のブログ読者だったら、お金に困らないはずなのです。

なのに、「なんでお金がないんだろう?」と思い、悔しくて、ビジネスの基礎中の基礎から講座をつくろうと思ったのです。

以前、子宮委員長はるをしていたときは、「性の人」「子宮の人」というイメージでした。だから引退したらなんの人になるんだろう?　と漠然と思ってはいたのです。

それが「お金の人」になるとは自分でも驚きなのですが、よく考えたら、開業届の出し方を教えたこともなかったし、会計のことを教えたこともなかったことに気づきました。もちろん世の中にはたくさんのビジネス講座や会計講座があります。

でも、感じるのは、どの講座も自己啓発すぎて暑苦しかったり、ただ方法を教えるだけで血が通っていなかったり。

だったら、お金や経営や働き方を根本から見直して、「お金がない」「自分で仕事をするなんて無理」と言っている腰の重たい人たちを全員やる気にさせる講座をつくろうと思ったのです。

とにかく、私の世界からお金がない人を消したかった。だから、あらゆる叡智をギュッと詰め込み、本当なら50万円以上の価値があるものだけど、「さや」の3万8000円で、オンライン講座を始めたのです。

安くみんなにビジネスの始め方を教えるから、もうお金の稼ぎ方がわからないとか、絶対に言うなよ！　この講座申し込まなかったら、私の世界に現れるな！　という覚悟でつくったものなのです。

一人でも多くの自分ビジネス成功者を着実に出していく。それは、利益の先にある文化づくりでもあります。自分の世界に、自分の文化をつくりだす。そんな情熱があれば、自分の世界はどこまでも広がります。

総理大臣になったイメージで、自分の社会を動かす

自分の世界に自分の文化をつくり出すとは、ある意味、総理大臣ごっこです。自分の国に必要なものを見つけて、底辺庶民のまま、それを実行する。私が庶民だったから、この自分ビジネスを思いつけたと思うのです。

そう思ったきっかけは、以前、龍使いとして著名人の龍をサポートしている江島直子さんが、「徳川家康が使っていた金龍がはるちゃんの名前を呼んでいるのだけど……」と教えてくれたことでした。そのときは、「へぇ～」と驚くだけでしたが、しばらくすると、いくつかの問いが生まれてきました。

「もし、私が徳川家康の生まれ変わりだとしたら、何をすればいいんだろう?」「家康が私に生まれ変わってまでしたかったことはなんだろう?」「私が天皇家に生まれなかったのはなぜだろう?」「財閥の家に生まれなかった理由はなんだろう?」

そうしたら、「そこに生まれたらできないことをやればいい」と思いました。つまり、自由に自分を表現することだったのです。

天下統一をした家康はビジネス講座をしたくても許されなかったでしょう。ましてや天皇家に生まれたなら、子宮委員長はるとして活動した時点で破門にされたと思うのです。上流階級の人たちは、やりたくてもできないことがある。だから、庶民の私が総理大臣になったイメージで自由に自分を表現しながら、自分の社会（世界）を動かそうと思ったのです。

自分が総理大臣だったら、まず一番最初にやりたいこと、それが貧乏をなくすこと。だから、庶民の目線で伝えるビジネス講座が生まれたのです。

国（会社、親、パートナー）は民を護ってはくれるけれど、幸せにはしてくれません。だからこそ、今の時代に必要なのは、自分で自分を幸せにできる民。

国や政治家に文句を言っている暇があるのなら、自分の可能性を試したほうがいい。そんな気持ちで、どこまで自分の世界が広がるか実験中です。

発信するときに大切なことは、誰にも負けない熱量

私の社会から貧乏をなくすために生まれた「自分ビジネス」を伝えるためのビジネス講座。たくさんの人に伝えたいけれど、セミナーを開くとなると、時間も場所も人数も限られるな〜と考えていたところ、そもそもひとつの場所に集まって講師が話すというやり方自体が、縄文時代から進化していないことに気づきました。

たしかに、直接会うとモチベーションがあがる効果はあります。でも、オンライン配信をしながら、その人に会えたような高揚感を持たせることができれば、それは会ったことと同じことになりますよね。

つまり、映像だけでエネルギーまで伝わらせる。そのためには、講師がセミナーに対してどれだけ本気かが問われます。そして、その熱量なら絶対に負けない！と確信があったので、私は「できる」と思いました。

実際、私もヒキコモリなので、興味のあるセミナーがあったとしても、極力会場には行きたくありません。家で話を聞くことができるのであれば、絶対にそれを手に入れたい派です。

ヒキコモリ相手にビジネスをするなら、お客さんは自分と同じイメージのはず。そこで、自分相手にオンラインサービスを開始してみるつもりで始めたところ、1週間でなんと約5000人の申込みがありました。

これ、すごい数字だと思いませんか？

私のメインの告知場所はブログとインスタライブです。2018年12月20日に子宮委員長はるを引退し、1日5万アクセスあった子宮委員長はるの公式ブログを閉鎖。その後、公式ブログを「誰でもできる楽園レシピ」に完全に切り替えました。それなのに、5000人もの人がオンラインビジネス講座に申し込んでくれるということは、フォロワー（更新した記事を受け取る人）が生きているということです。

たとえば、昔いいなと思ってフォローしたけれど、今はまったく読んでないというブログってありませんか？　長くブログを続けていると、フォロワー数はいっぱいいても、実際はいないのと同じ、ということがほとんどです。
だけど、この申込み人数を見る限り、今現在、私に興味を持ってくれているフォロワーがいっぱいいるということなんですよね。

フォロワーが増える法則

じつは、あることをするとフォロワーが増えていく現象があることに気づきました。それは、言いたいことをズケズケ言うこと。

前に「明言力」が大事と言いましたが、まさにキレのある言葉を言えるかどうかが、フォロワーを増やすカギなのです。

私はどちらかと言えば以前から毒舌でしたが、子宮委員長はるを引退するときに、「嫌われてもいいや」と吹っ切れ、言いたいことをどんどん言うようになりました。そうしたら、言葉のキレが増して、そのたびにフォロワーが増えていきました。言葉に気をつけなくなったら、前よりも聞いてくれる人が増えたのです。

今では平気で、「お前たち、愚民」とか「その貧乏マインドが気持ち悪い」などと言っています（笑）。

深刻に言っているわけではなく、お笑いのようなノリで言うのです。突然キレ味のいい言葉を言うと、みんな素直に傷つくらしくて、「グサッ、グサッ」ってコメントも入る。ひねくれることなく、素直で、本当にかわいいですよね。

もちろん、たまにムカつくコメントをしてくる人もいます。そういうときは、「あなたはコメントしないで、ムカつくから」と言えるようになりました。かまってほしいだけで何もしない人がきても迷惑なだけ。フォロワーだからといって、遠慮することはないのです。

こんなふうに、何でも言えるって、ヒキコモリの強みだと思います。外で社会活動をしていると、嫌われたらやっていけなくなる可能性もあります。でも、引きこもっていると、好かれても何もできません。だから、嫌われても、好かれても自由だと思えるのです。

人気商売だけど、人気を得る気がない。だからこそ、ウソのない言葉がフォロワーの心に刺さるのだと思います。

ブログに飾った自分を書かない

引きこもって自分ビジネスを始めるなら、私は絶対にブログを書くことをすすめています。なぜなら、人に読まれることを意識するとついいい顔をしたくなりますが、そこを改めて、素の自分、本音の部分をブログに書くことができるようになると、自分の社会を広げることにつながるからです。

人によく見せたくなる自分と闘う。そうして、自分を表現しながら、腹黒い自分を認めていくことをブログセラピーと言っていますが、書き続けていくうちに、自分のことがわかってくるようになるのです。

その感度を身につけていくと、ブログを書きながら、自分目線、他人目線、社会を見渡したときの俯瞰目線を同時に感じられるようになります。

最近の話でいえば、オンラインビジネス講座をブログで告知している最中に起きました。配信まであと1週間というところになったら、どんどん伝えたいことがあふれ出してきたのです。

そのうち、この講座に申し込みたいという相手の気持ちまでわかるようになり、さらには宇宙から社会を見ているような視点も感じました。

そういうときは、自分に集中しているときです。自分に集中していると、自分の思いがあふれ出るので、多角的な視点に気づけるようになり、まさに多次元空間にいるような状態になるのです。

未熟さや弱さほど表現しよう

ブログが書けないという方もいると思いますが、たぶん、「ネタがない」わけではありません。書けないのは、自分の心情をありのままに書くことへの恐れだったり、考えすぎて疲れたりしているのではないでしょうか?

つまり、ネタがないのではなく、抵抗がある。だから、ポンポン書けるようにならないのです。

心情をありのままに書くということは、自分の幼稚さ、自分の不甲斐なさ、自分の情けなさ、自分の崖っぷち度、自分のずるさ、自分の腹黒さを表現（開示）することです。

でも、そうすることで、周囲にどう思われるかをとっさに考えてしまうと思うのです。怒られる、注意される、無視される、叩かれる、嫌われる、見放される、見下される、落胆させる、傷つける……。

それって、誰にですか？

上司？　先輩？　家族？

みんな他人ですが、その恐怖の根元をたどると親だったりします。

だから、怒られないように、注意されないように、無視されないように、叩かれないように、嫌われないように、見放されないように、見下されないように、落胆させないように、傷つけないように、頑張っているのです。

でも、ブログで自己開示するということは、自分の幼稚さ、自分の不甲斐なさ、自分の情けなさ、自分の崖っぷち度、自分のずるさ、自分の腹黒さを表現するということ。それができた時点で、そういう自分を認めたことになります。

もともと開示することにブレーキがかからない人もいますが、悪い人や、できない人に思われたくない、そう思われるのが怖くてブレーキがかかったりしがちです。**ブログは読む人のためにあるのではありません。自分が表現するためにある。**だから、いつでも自分のために書いてください。

私は、自分の未熟さや弱さを表現できる大人があふれる社会になったらいいな、と思います。自分の未熟や弱さと向き合ったら、いくらでもブログのネタは出てきます。それがそのまま自分ビジネスになるんです。

願いや夢とかをノートに書くのをやめて、ブログに書いてください。ブログに書くことは、世界に開示すること。

つまり、世界中からあなたを見つけてくれる人があらわれるのですよ。

自分が自分の記者になる

では、どうやってブログに素の自分を表現するのかというと、とにかく自分が自分の記者になったつもりで、自分を観察し、肚に落ちた経験を開示するのです。

①頭で考えて
②心を感じて
③肚に落とす

たいてい①②まではできるのですが、記事としては、③がないと面白くありません。自分が面白くないものは、他人が読んで面白いわけがないですよね。

①頭で考えて↓知識（専門性）
②心を感じて↓感情（共感性）
③肚に落とす↓感覚（独創性）

とも置き換えられるのですが、

①知識で発信すると知識に興味がある人が集まる
②感情で発信すると感情に興味がある人が集まる
③感覚で発信すると感覚に興味がある人が集まる

というふうに、どういう読者やファンを集めたいかを選ぶことができるのです。
具体的には、次のような感じです。
①「世の中には家庭菜園で1000万円の売り上げを出すには、どうしたらいいかというと……」
②「農業って言葉を聞くと、なぜかネガティブな反応をしてしまう。それって、実

家が農家だったからかな?」

③「拒絶反応するってことは可能性だし、使命だと思う。だったらやるしかない」

①→②→③と抽象度が濃くなっていきますが、抽象度が濃くなると「なんかわかんないけど、気になる!」という読者さんが増えていきますし、〝純粋な裸の自分〟に近づいていきます。

一方で、抽象度が濃くなるほど、難解になります。何が難解になるのかというと、「自分のなかが」です。潜在意識に潜っていくので、当たり前に難しくなるのです。

でも、「なんかわからない」を言語化できたときに快感が訪れます。読んだ人をも快楽に解決に導くのです。

だから、自分が自分の記者になったつもりで、自分を掘り下げていってください。すると、面白い記事が書けるはずです。

気づきは同時多発的に起こる

いい気づきがあり、その気づきをシェアしたいと思ってる最中に、ほかの誰かが同じようなことを書いていたのを発見すると、「なら自分はもういいや」と、書くことをあきらめる人もいます。

でも、シンクロニシティは同時多発的に起こるものです。流星群のように降り注いでいるからです。

同時多発的に同じ気づきが人々に起こっているのですが、気づきまでのプロセスは人それぞれ違うというだけ。だから、あなたにしかできない表現があるのです。

ブログを書くだけで、自分は豊かであることを思い出せますよ。この体感をぜひ知ってください。

生身の言葉を届けて自分が広告になる

私は、化粧品やCD、雑貨など、私がプロデュースした商品を販売していますが、子宮委員長はるのときはプロデュース料としていただいていたものを、今は広告宣伝料としていただくことにしました。

なぜなら、私が宣伝することで、商品に生命が宿るからです。

起業して商品やサービスを広めたいときは、一般的には、広告代理店や誰かに頼んで口コミを広げてもらうなど、広告や宣伝を第三者に頼みます。

でも、そうしてできた広告には命を感じません。有名人が「これ、いいですよ」と言っていても、なんだか味気なくて、無機質。それって、本人が本当にいいと思っていないからだと思うのです。

私がプロデュースした商品は半端なく最高の出来。だからこそ、無機質な広告を見て買いたいと思う人には、購入して欲しくありません。だったら、自分が広告になって、生身の言葉を伝えたいと思いました。

そこで、ブログやインスタライブが生きてくるのですが、自分が広告になるなら、どれだけ人の目を気にしないで表現できたか、が大事。もちろんリスクもあるかもしれませんが、見る人にとっては信用できる何よりもの証明になると思うのです。

私は商品を販売すると、あっという間に完売しますし、オンライン講座の参加者も1万人を超えるという尋常じゃない数字です。

それは、私が信用されているからだと思っています。絶対に手を抜かないとフォロワーさんもわかっているので、「これ、すごいよ!」と言っただけで売れるのです。だからこそ、引きこもっていても、いざというときにスパンと本音で語れるような自分になっておくことは不可欠です。

人の目を気にせず表現できれば、その言葉は熱を帯び、あなた自身が生身の広告となれるのです。

リストもリピーターもいらない

ビジネスの世界では、リスト命、リピーター命だそうです。リストとは、一度でも自分の商品を買ったことがある人、もしくは興味がある人の名簿。そのため、こちらからセールスをしても嫌がらずに受け取ってくれる可能性が高いそうです。

でも、私はなぜリストが必要なのかがわかりません。

興味を持ってくれそうな人に宣伝することで効果的に広告ができると思っているのかもしれませんが、実際、メールアドレスにくる広告は読まないで削除していませんか？

本来、メールアドレスは連絡用にあるもの。使い方を間違えています。

今の時代、リストにあたるもの、それがフォロワーです。発信源がいるから、そ

こにくればいいだけ。だからこそ、リアルな自分をどんどん見せていくことが大切なのです。

そして、リストがいらないということは、リピーターも不要ということ。そもそもリピーターを狙うと、なんだか自分が偽物になる気がしませんか？　相手に合わせる感覚になってしまうと思うのです。

買うか買わないかは相手に選ばせればいいのです。リピーターを狙うから追いかけなければいけなくなるのです。

風俗嬢をしていた頃の話ですが、当時、指名をいっぱいもらってナンバーワンをとる女の子がお店にいました。その子はノートに顧客リストのような感じで、次きたときに忘れないようにお客さんの特徴を書いていたのです。

私も真似してみようと思い、ノートを買って、お客さんの特徴を書いていったのですが、挫折しました。リピーターをとるために口では「またきてね」と言うものの、肚のなかでは「二度とくんな！」と言っていることに気づいたからです。

実際、リピーターでこられても、覚えていなければならないので面倒と思い、毎回新規のお客さんがいいな〜と思ったのです。

そうしたら、新規のお客さんがひっきりなしにくるようになって、とても楽になりました。風俗の場合、新規だと指名料が入ってこないのですが、ときどき思い切りチップをくれるお客さんもいて、新規のみで指名料までまかなえたのです。

だから、自分ビジネスを始めたときも、リピーターは意識したことがありません。これる人はまた勝手にくればいいというスタンスです。

アンチがいるから、いいファンに巡り会える

リピーターがきてくれたら安定したお金が稼げると思っているなら、それは貧乏マインドです。私は、**リピーターをつくるよりも、質のいいファンをつくったほうがいい**と思います。

では、質のいいファンをつくるにはどうするか？　というと、**自分が自分にウソをつかず、自分が自分でありさえすればいい**わけです。

それがなかなかできないという人は、腹黒い自分を出すとアンチが多くなるなど、周りから判断されることを恐れているのです。そういう意味では、プライドが高い人ほど、自分にウソをつかず自分ビジネスを始めることは難しいかもしれませんね。

アンチというと悪いイメージがあるかもしれませんが、本当は、ファンの質を高めて、いいファンだけに整理してくれる素晴らしい存在です。

そもそもアンチの意見に巻き込まれる人は、私の世界にいて欲しくありません。なので、アンチがいると、それを乗り越えて、純粋にファンでいてくれる人だけになるのです。

だから、私のファンはスーパーリピーターです。主張もせず、遠くから見つめてくれている。そして、何か商品が出たら全部買ってくれる、という優雅な人たちばかり。

自分を守るためにも、アンチはいなきゃダメだと思うのです。

節約・節税より、払う税金額を目標にする

自分で仕事を始めて、儲かり始めると、たいていの税理士さんは「節税のためにどうするか」という話を始めます。

でも、絶対に節税はしてはいけません。なぜなら、節税や節約をすると「抑える」ほうに意識が働くからです。抑える意識で売り上げが伸びるわけがないのです。

売り上げを伸ばすためには経費削減をするという考え方が普通にまかり通っていますが、それ、本当ですか?

私から言わせれば、世間的によしとされてきた、優等生的な考え方。つまり、自分の考え方ではなくて、世間の考え方です。そういう当たり前とされていたマインドをひとつひとつ壊していくことも、とても大切なことです。

私は、節税とは真逆の方向で、「税金1億円を納めたい」とブログに宣言しました。そうしたら、オンライン講座に集まる人が1万人を超えたのです！

人は「稼ぎたい」よりも「使いたい」生き物

お金を循環させたいなら、節税や節約をするより、払いたい税金を目標にしてください。そのほうが、売り上げはあがります。

税金を払うというと、損するイメージがあるかもしれません。たしかに払ったらもう返ってこないお金です。

でも、それでいいのです。なぜなら、究極のことを言えば、人はお金を稼ぎたいわけではなく、自由に使えるお金を増やしたいだけだからです。

いくら大金が手元にあっても、それを自由に使えなかったら意味がありませんよね。つまり、稼ぎたいという感覚よりも、「使いたい」という感覚のほうがメインなのです。

そう考えると、たくさんの税金を払うことは、たくさんのお金を使うことなので、じつは気持ちいいことなのです。

それに、税金が社会保障に使われるのであれば、ちゃんと社会に還元していることになりますよね。日本を支えることにもつながっているのです。

すごく稼いでいる起業家さんのなかには、高い日本の税金を払いたくないからと海外に移住する人もいます。彼らは、海外に住みたいわけではなくて、日本に税金を納めたくないから、節税対策のために海外に移住しているわけです。

それって、ダサくないですか？

いかに日本に税金を納めないために節税するかを考えることは、いかに消費や浪費をおさえるために節約するかを考えているのと同じこと。これは、貧乏マインドそのものだと思うのです。

だから、節税も節約もしない。払う税金額を目標にする。

そうやって自分の世界を大きくしていけば、引きこもっていても十分日本の力になれるのです。

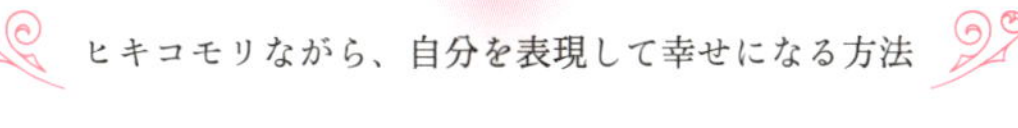

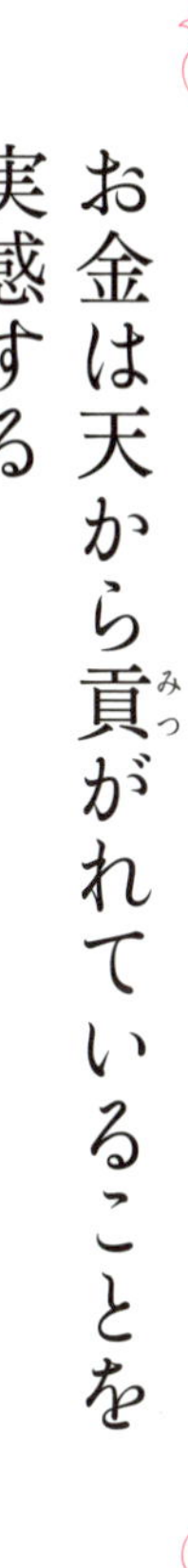

お金は天から貢(みつ)がれていることを実感する

雇われた働き方しか知らない人は、自営業でお金が回る感覚がわかりづらいもの。そのため、お金がなくならないように、お金を稼ぐためのアイデアを先に考えて、準備するパターンが多いようです。でも、私はその逆。お金がなくならないと稼ぐためのアイデアがおりてこないし、動けません。

壱岐島に移住する寸前、じつは、約８０００万円足りませんでした。ちょうど決算時で、税金に５０００万円、リフォームの後払いで２７００万円。その他、なんやかんやで合計８０００万円。

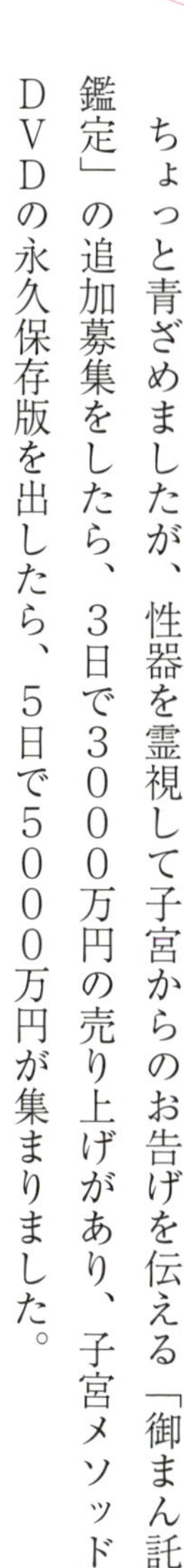

ちょっと青ざめましたが、性器を霊視して子宮からのお告げを伝える「御まん託鑑定」の追加募集をしたら、３日で３０００万円の売り上げがあり、子宮メソッドDVDの永久保存版を出したら、５日で５０００万円が集まりました。

おかげで、キレイに払うことができて、壱岐島に移住できたのです。

お金持ちと言われている人たちの多くは、資産額をキープすることに力を入れたり、貯金額を増やすことに価値を見出していますが、そういうやり方をすると、お金は腐ります。お金の流れは水の流れと同じだからです。

水はとどまることなく、小川から大河、そして海へと流れていきますよね。お金も同じでとどまらせてはおけません。そう考えると、誰も住まないのにただある家とか、ただあるだけの資産って、何の価値もないと思うのです。

その日、その日、使い切って生きられたらいい。まさに風俗嬢の感覚ですが、その日暮らしの感覚を大きく発展させたら、今のようになりました。

お金がないときに誰かに頼ってみるのはプロセスとしてはありかもしれません。でも、目的はそこではありません。自分で稼いでみると、お金に困ったときこそ、誰かではない「天」から貢がれてることがわかります。そうなったら、お金がなくなる不安も消えて、いくらでもお金を生み出せるようになるのです。

身内からビジネス化する

ヒキコモリ的ビジネスを成功させたいなら、身内にお金を払うことです。

なぜなら、身内とは、自分の内側の最初の外側だからです。自分の一番近くにいながら、私情が絡まるところ。そこに美しく境界線をつくることができると、それが土台となって、人生が上昇気流に乗るのです。

具体的に言うと、**身内に金銭を払うという外注感覚が、癒着している親子関係をいい距離に保つ**のです。

ところが、身内に対する外注感覚がないと、他人に対しても家族にやっていることと同じように甘えてしまいます。

たとえば、著名な方に自分を宣伝してもらおうとしたときの宣伝料がわからなくて失礼なことをしてしまったり。他人からの好意を当たり前のように受け取ってしまったり。こうして、誰にも興味を持ってもらえなくなるのです。身内に対する考え方が不潔だと、さらにその外側にお金は回らなくなってしまいます。

もし、実家暮らしをしているなら、実家に家賃を払ってください。実家はお父さんとお母さんの家です。そこにタダ住まいさせてもらおうと思うのは貧乏マインド。その状態で自分ビジネスをしても、節約方向に向かってしまいお金が回りません。家賃を払うことで自分の空間が生まれ、環境を整える意識に発展し、自分の社会を広げていくことができるのです。

神様から「お金が必要な人」と思われたら、お金は巡る

拙著『願いはすべて、子宮が叶える』にも書きましたが、私は里帰り出産をしたときに、たぶん動けなくなるので、私のお世話代として100万円をお母さんに払いました。貯金はまったくありませんでしたが、誰の子かわからない子どもの父親

になってくれるという岡田が現れて、すぐに結婚。そうしたら、岡田のお父さんがお祝い金に100万円をくれたのです。だから、そのお金をそのまま私の母にあげました。

その話をブログに書いたところ、それを読んだある画家さんから連絡があり、子守り代を親に払うようにしたら絵が売れ出したと報告がありました。

身内にそんな大金を払うなんて、と思うかもしれませんが、お金を使った分、自分はそれだけお金が必要な人なんだという認識ができあがります。

神様目線で考えれば、「ああ、この子、お金が必要なんだな」と思うから収入が増えるように計らってくれるのです。お金の神様って、お金がたくさん回るところが好きだから、そういう人を探しているのです。

自由に使えるお金が増えない人ほど、身内や環境に使っていない人です。

まずは身内にお金を払う。お金で解決するって、悪いことではありません。みんながハッピーになることなんですよ。

お金の源泉は「自分」だと気づく

子宮委員長はるの頃から、

「自分自身は完璧な存在で、足りないものは何もなく、すべてをつくり出す、産み出すという前提があれば、繁栄するしかない」

と話してきましたが、最近、それを確信したことがありました。

私は、壱岐島に移住して以来、やりたいことがたくさんあるのですが、そのひとつに、家の外に作業場のような小さな小屋を建てたいというものがあります。そこで、業者さんにその見積もりをしてもらったら、約3000万円でした。

でも、自分のなかではもうちょっといけると思い、外観は煉瓦に張り替えたいとか、ここをこんなつくりにしたいなど、たくさん夢を語り、

「5000万円くらい大丈夫です」

と言いました。

業者さんにしてみれば、お客さんがそう言うなら、この人はお金を持ってるんだなって思いますよね。

でも、私の口座にそんなお金はありません。

私は億単位で稼ぎますが、稼いだらその分使うので、貯金はほとんどないのです。使うために稼いでいるので、そもそも貯まりません。

私はお金も人間と同じように命のある生命だと思っているので、可愛い子には旅をさせるように世界を回って欲しいなって思っています。だから、今すぐ使える大金を持っていません。

お金がなければ業者さんにより高い見積もりを依頼しないのが普通です。でも、私の場合、業者さんとの話し合いは完全な未来の話（もちろん、業者さんにはバレていませんが）。

その事実に気づいたとき、

「自分は、とうとういかれた～」

と思いました。入ってくる予定もないのに、なぜ未来の話を堂々とできるのだろうか……と。

考えた結果、普通は「口座にあるお金＝自分の力」だと思うけれど、私は「販売力、広告力、宣伝力＝自分の力」だと思っていることに気づきました。

自分さえいればお金になるので、別に貯金しておかなくても、あるお金なのです。

口座はお財布代わり。

販売力、広告力、宣伝力は自分のなかの無限の金庫。

それを〝宇宙銀行〟と言うのかもしれません。

お金の源泉は私が持っているので、私さえいればいくらでもお金は産み出せるのです。

会社勤めをしていると、口座に入金されたお給料から引き出して生活費にあてるので、産み出す感覚がわかりにくいかもしれません。

でも、本当は誰でも産み出す力を持っています。自分がいる限り、お金がなくなるなんてことは、ありません。

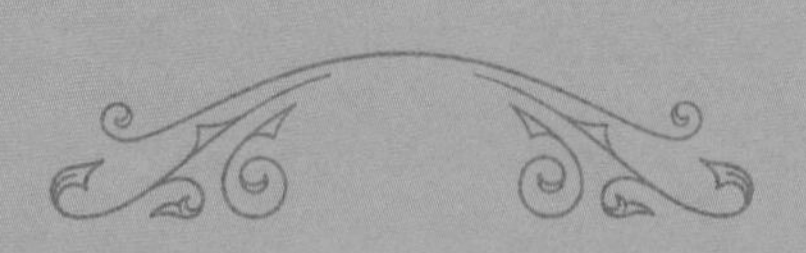

出会いはネット、
コミュニケーションは電話だけで、
愛し・愛される関係はつくれる。

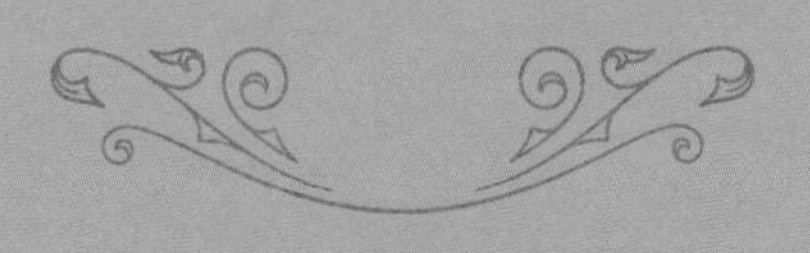

第5章

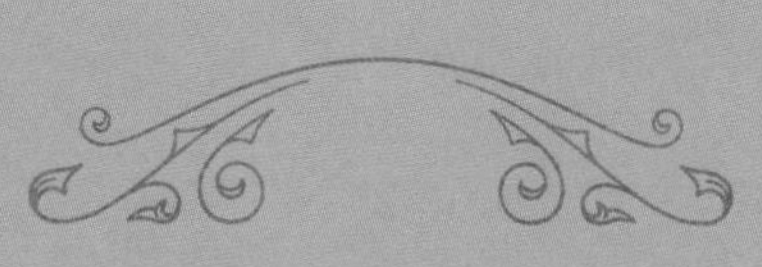

ヒキコモリの恋愛&結婚事情

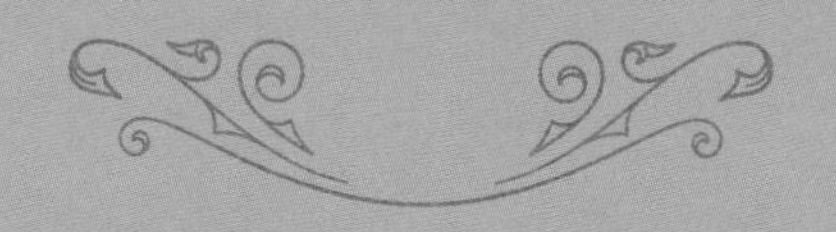

引きこもっていても恋愛はできる！

引きこもったら出会いがほとんどなくなるから、恋愛も結婚も難しくなるとあきらめていませんか？

私はその逆だと思っています。前著『恋と愛の進化論』にも書きましたが、私の場合はすべて一本釣り。元恋人で映画『パーフェクト・レボリューション』の主人公として描かれたクマピーも、元夫の岡田も、不倫相手も、龍平さんも、全部インターネットで出会った人。相手もブログをやってくれていたおかげで、どういう人なのかがわかりやすかったし、すぐに会うことができたんですよね。

友達の紹介とか合コンとかで出会う人は、基本、相手によく見せようと飾っているので時間をかけて話してみないとどんな人かわかりません。でも、ブログを見れば、どんなことを考え、何をしている人なのか、一発でわかりますよね。

どんなに危ない人でも、自分で自分のことをわかっていて、ちゃんと発信できている人なら、人は安心感を持つものです。

たとえば、ブログやfacebookを見て「この人いいな」と思う人が、セミナーやセッションなどを開催していたら、そこに申し込んで参加するなど、何かしら会うための行動を起こせますよね。それって、どこかの婚活サービスに登録するよりも、よっぽど効率的だと思うのです。

引きこもるということは自分が社会になるということなので、自分についてブログやfacebookで発信したら、それを見た人はすべて人脈にカウントされます。

そして、発信する内容とリアルな自分を一致させるほど、そういうあなたに興味を持ってくれる人がコンタクトをとってくるようになります。

だから、引きこもって自分を表現すればするほど、恋人探しは手っ取り早いのです。出会いは同じ波動の人を引き寄せると言われるように、自分の波動と同じ波動の人はどこかの世界にいるわけです。インターネットなら、日本だけでなく、世界中が対象ですから、世界中の男性が恋人候補ということです。

勝手に人脈をつなげてくれるアバターをつくる

ブログなどインターネットのなかで自分を表現すれば、恋人候補は見つかると言いましたが、より自分にぴったりの相手を見つける簡単な方法があります。

それは、インターネットのなかにアバターをつくること。すると、自分はまったく動かずに簡単に、恋人もビジネスパートナーも見つけることができます。

アバターって、もう一人の自分のことです。アバターをつくり出すと、勝手に働いていろいろな人脈をつなげてきてくれるのです。だから、体はとても楽になります。

では、そのアバターをどうやってつくり出すのかというと、それは、ブログを自分人格にすること。繰り返し、発信する内容とリアルな自分を一致させることが大

事と言ってきましたが、ここを徹底的にやるのです。

すると、24時間休みがないインターネットの世界で、アバターが勝手に歩き回り、世界中のどこかで、波動がぴったりの人があなたに目をつけてくれてアプローチしてくるというわけです。

インターネットの世界って、あの世と仮定するとわかりやすいと思います。もうひとつある世界ということです。

この世と同じくらい広いもうひとつの世界。そこで、自分を信じたアバターだけが人格化されて、いろいろな縁をつなげてくるのです。

私に起きたさまざまな奇跡を解説すると、これしかありません。外に出ずに、なぜ結婚もできて、仕事でもありえないご縁を引き寄せるのかといえば、アバターがインターネットのなかで活躍してくれているからなのです。

だから、誰の真似でもない、自分人格のブログをつくればいいのです。

よく、ブランディングが大事と言われますが、そもそもみんな独自性を持って生まれてきていますか。誰一人として同じ人間はこの世にいないわけですから、差別化なんて必要ありません。

パソコン1台あれば、世界中どこからでも仕事ができるノマドという働き方もありますが、私はどこにも行かないし、動きません。だから、病気のある方でも、障害がある方でも関係なく自分を表現すればいいわけです。

とにかく、自分を表現することに集中さえすればいい。そのためのツールがブログであり、それがアバターになるわけです。

下心を口に出すと、あなたのなかのスーパー聖母に出会える

アバターに生命や情熱を与えるのは自分自身だということを忘れないでくださいね。これだけは、世間がどれだけAI化が進んでも人間にしかできないことです。

自分とネットのなかのもう一人の自分をシンクロさせるのです。

でも、ここをシンクロさせて自由に動けている人は、正直少ないと思います。なぜなら、自分を知られる怖さがあるからです。

自分を知られる怖さとは、言い換えると、自分を知る怖さです。自分を知ることは、本当に怖いことです。

悪魔な自分や、えげつない自分、社会的にダメと言われている自分……そんな自分がいっぱい出てくるからです。

でも、そういう腹黒い自分を全部認めると、次にスーパー聖母があらわれるのです。「私って、こんな優しかったんだ」という愛の自分です。

そのとき、本当の自己肯定感が湧いてきます。自分の闇を知れば知るほど、光も明るくなっていくのです。

子宮メソッドでは、下心は口から出したほうがいいと言いましたが、それは下心があるのがいけないのではなくて、口から出せるくらいの自分になったほうがいいということです。

優しい人と思われたくないし、好かれたいとも思わない。そう思えれば、下心を全部言えます。

人が下心を言っているところを見るのは、気持ちいいものなんですよ。褒めて欲しいなら、「褒めて」と言えばいいのです。

私は夫の龍平さんにいつも「褒めて」と言って、優しい言葉を投げてもらいますが、それがバズーカ級の体感でドンとくる、それで満足です。

息子のじゅんせいも「じゅんせいのこと、褒めて」と言ってきます。ずるいほど、かわいい。

こうやって、人は下心を口から出したほうがわかりやすくて好かれるようになるのです。結果、いいご縁も舞い込むようになるのです。

女性の経済的自立は、結婚生活を自由にする

女性は、結婚する前に経済的自立をしておくことをおすすめします。

ヒキコモリたいなら、絶対に誰にも邪魔されない自分の空間を持つことが必須ですが、そのためにはお金が必要だからです。

とくに夫も妻も自営業となると、1日中家のなかに一緒にいることになるので、息苦しくなると思います。

私は、龍平さんと離れて暮らしているので、好きなポイントしか見ないようにしていますが、もし一緒に生活をしたら生理的嫌悪感がむくむくと湧いてきて、大ゲンカになると思うのです。だから、目に入れない時間を増やすことが大事です。

そうなると、ある程度広い家が必要ですよね。もし経済的に自立していれば、マンションの隣同士を買って、好きなときだけ行き来する恋愛のような結婚をするこ

とだって可能です。

子育てだって、全部自分がやろうと思わず、お金があればベビーシッターさんなどに頼むこともできますよね。


好きだから一緒にいたいという100％純粋な気持ちで結婚するのならいいのですが、たいていの場合、「結婚＝節約」という意識が入ってはいませんか？

とくに女性は、結婚したら家賃を払わなくていい、お金のために働かなくていいなど、結婚したら楽で安心、そう思っているので、経済的支援をしてもらっている夫に言いたいことを言えず、結婚生活がうまくいかなくなることが多いように感じます。


女性はなるべくなら結婚前に経済的自立をしてください。

それは、自分が自由になるためとても大切なことです。

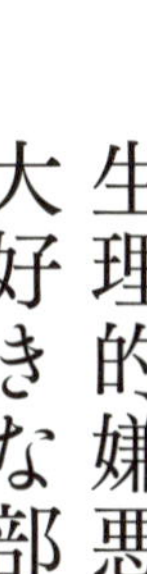

生理的嫌悪を抱く相手だからこそ、大好きな部分もある!

前にも話したように、私は壱岐島にきて早々、人間関係のトラブルが続き、「私って、やっぱり、誰とも合わないじゃん!」と結論が出て、すごくほっとしました。「誰とも合わない」ことに悶々(もんもん)としているということは、少なからず外に求めようとしていた自分がいたということですよね。でも、「誰とも合わなかった」と結論が出たことで、「一人でいいじゃん」と思ったのです。

もう外に求める必要はないとわかって、自分と孤独の二人きりで生きていくぞ!と決意が固まりました。

誰とも合わない、ということは、もちろん夫の龍平さんともです。

龍平さんと結婚した当初、正直言って、結婚に失敗したと思いました。失敗どころか、生理的嫌悪を感じているわけです。しかも、入籍前後から。

生理的嫌悪って、嫌いの最大値です。生理的嫌悪を相手に感じたら、普通は結婚をとりやめると思いませんか？

だけど、よく「大嫌いは大好き」と言うように、生理的嫌悪を抱くなら、反対に、「生理的にこの人じゃないと無理！　それくらい大好き！」になれるはずと思ったのです。

そうは言っても、ケンカは止められない。途中、龍平さんのほうがこの結婚に動揺したこともありましたが、私は「絶対に、自分の心が好きで止まる場所を見つける」と自分に誓いました。

そうしたら、そのポイントが見つかったのです！

それが、龍平さんのスーツ姿。近くにいると生理的嫌悪を感じるのですが、スーツをビシッと着こなした龍平さんをみると、萌え萌えしています。

アイドルって、性格が悪くても関係なく、ステージ上にいる姿を見るだけでドキドキしますよね。それと同じで、私はアイドルを見るように夫を見ているわけです。

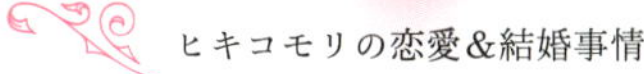

だから、毎日電話では話すけれど、一緒には住みません。壱岐島に龍平さんが遊びにきても、家には泊まらずホテルに帰ります。

私たちはセックスをせず、萌え萌えしているだけの信仰関係。龍平さんは神社について本を書いている人なのに、家に神棚がなくて、代わりに私の写真を置いて拝んでいます。まさに妻信仰。私はアイドルを見るように夫を見ているので、夫は神様です。まさに、夫信仰。世間からはまったく理解されませんが、私たちはお互いに信仰の対象。信仰夫婦なのです。

嫌いの先にある大好き

理想のパートナーシップというと、相手の嫌いなところも愛して、嫌いがなくなることだと思っている人も多いのですが、そんなことをしていたら、好きな気持ちも、興味も関心もなくなってしまいます。恋心が麻痺(まひ)してしまいます。

嫌いって、大事な自分の感覚です。たいていの人は、他人を嫌うその自分の心が嫌いなのです。だから自分のことを好きになれません。

本当は、好きな人を嫌いになってもいいし、結婚相手を嫌いになってもいいのです。相手の嫌いなところを全部排除していった先に、「ここだけは大好き！」という天国が見つかるのです。

私は、自分の抱く生理的嫌悪すら愛しています。だから、目の前のパートナーに生理的嫌悪を抱いていても世界最大値で好きになれるし、そんな自分のことをますます好きになれるのです。

世の妻たちが、旦那さんの愛すべきポイントを発見してそこだけを見つめていたら、とてもハッピーになれると思うのですが、そうなれない理由は、先ほども言ったように、金銭的な援助をしてもらっているからです。

経済的に助けてもらっていると、「嫌いな部分も愛さなきゃ」となりますが、女性が経済的に自立していると、「嫌いなところは嫌いだ」と言い切れるようになります。

嫌いを排除していった先に、「好き」になれるポイントと出会えるのです。

エネルギーの触れ合いは、セックスと同じ感覚

龍平さんとは毎日電話をしているので、会話はしています。でも、私は人の話は聞かないので、自分の話をするためだけに電話をしています。

龍平さんは、一方的に話す私のおしゃべりを聞いてくれるのですが、ときどき、ひとことボソッと話してくれます。

それが、応援か、褒めることしかしません。絶対にアドバイスとか注意とか文句を言わないのです。

しかも、その応援や褒め言葉というのが、別に私のご機嫌取りをしているわけではなくて、的を射る言葉なのです。たとえば、こんな言葉です。

「妊娠したとわかったときのさやかさんは、侍の顔をしてた。一人で産むと決めて退路を断った戦士の顔。あんな美しい顔ができる人はそうそういない。覚悟と美し

さは比例するから」

「多くの人は、ブロガー・作家として影響力を持ったさやかさん・はるちゃんしか見ていない。本当のすごさは、読者数や収入などの数字ではない。華やかな外見や格好でもない。魂の輝きだから。光が強くて、闇も濃い。振れ幅が大きいから、輝きも強烈なんだよね」

「先駆者がいると、ショートカットできるし、答え合わせができる。でも、子宮委員長はるにそういう人はいなかったよね。そこが多くの人と違うところ。話の通じる人なんて周りに誰もいないところから始めている。

壱岐島への移住だって同じこと。さやかさんが背中を追いかけたのは、先駆者じゃなくて、周りの誰かじゃなくて、自分のなかにある未来の自分。だから自分が最初に始められるし、先駆者になれる」

まさに、弓矢でど真ん中を射られた感じ。子宮にドンっと刺さるのです。

これが、肉体的な接触をしたときの感覚と変わらないのです。

私たち夫婦は、セックスをしていないのですが、ピュアな愛のエネルギーが肚にドンってくる。これだけで「愛されている」と感じるのです。

手もつながないし、キスもない。スキンシップは全然していないのだけど、でも愛されているのがわかるのです。

龍平さんの愛はとてつもなく大きくて、宇宙のようだから、物理的なハグじゃ狭すぎて、私には窮屈に感じるのかもしれませんね。

八木家は特殊すぎるので理解されないとは思いますが、この世で出会えた奇跡として、満点なわけです。

夫は死んでもかまわない

私は夫に生理的嫌悪を抱いていると言いましたが、夫も私に恐怖観念を抱き、近くにいれたものではありません（笑）。

だから、遠距離の別居婚になって本当によかったと思っています。

八木家はお互いに相手に何も望んでいません。龍平さんは、「私に何かして欲しい」とは思っていないし、私が夫に何かする暇があるなら、私には社会貢献して欲しいと思っています。

生計は完全に別々なので、相手からお金も愛も必要ありません。

でも、この結婚生活をすごく気に入っています。結婚前も後もセックスしない関係なので、会わずにお互いに崇拝していられるのが心地いいのです。

結婚した当初はケンカが絶えませんでしたが、なかでも1度だけものすごい大ゲンカをしたことがありました。そのとき、夫はモラハラ大魔神になり、私はヒステリー妖怪になり。それが、おかしくて、おかしくて！

この龍平さんとの大ゲンカのおかげで、私は男性性の感覚がバッチリわかりました。男性も世間体は気にすると思うのですが、それをも壊して乱れたケンカ。

ケンカ中、私はひどい言葉を投げつけられながらも、何も気にせず言葉を放つ龍平さんのエネルギーが伝わってきて、最高に気持ちよかったのです。

これまで私もここまで男性に罵声で怒鳴ったことがなく、龍平さんもここまで女性に怒ったことがなく……。

お互いに思い切り出し切ったら、一周回って龍平さんのエネルギーが私のなかに住みつきました。私のなかの男性性が解放されたのです。

なぜそれがわかったのかというと、ぐたぐた言ってくる人に怒るとき、その怒り方が私ではないことに気づいたからです。龍平さんが本気で私に怒ったときの口調、それが憑依したかのように、私の口をついて出てきました。

そのとき、「あ〜、龍平さんが力を貸してくれてるんだ」と思ったのです。それはとても力強い感覚。

それに気づいたとき、私は、龍平さんは死んでも同じことをしてくれると思ったのです。ちゃんと私にわかるように体に入ってきてくれる、と。

そういう意味で、私たち夫婦はセックスはしたことがないけれど、私の体はもう龍平さんにロックオンなわけです。

だから、彼が死んでもかまわない、私のなかで永遠に生き続けてくれると思えるのです。

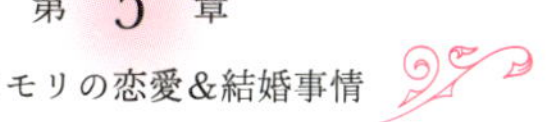

パートナーシップの循環を促(うなが)すのは、女の決断力

男は力を、女は愛を持っているように見えるかもしれませんが、実際のところ、女は力を持っていて、男は愛を持っています。

これについては、拙著『恋と愛の進化論』に詳しく書きましたが、お互いにないものねだりをせず、男が成功したいなら女を愛せばいいし、女を愛せば楽に成功できる力をもらえるようになります。

だからこそ、男は女に従事したほうがいいと思うのですが、そのときに問われるのは、女の決断力です。

「これ！」「こっちに行く」と決める決断力。自分で決めることが怖いと思う人もいるかもしれませんが、そもそも女性は男性よりも決断力を持っています。なぜなら、命の有無を決断する選択権を持っているからです。

女性は命を身ごもったとき、「堕ろす」という選択もありますよね。たとえば、友達から「子どもができちゃったんだけど、産んだら生活できない……」と相談されたらどうしますか？

「命が宿ったんだから、絶対に育てなきゃいけないよ！」と言いますか？　それとも「生活していけないなら仕方ないから、堕ろしたら」と言いますか？

産むか堕ろすか。それは、生かすか殺すかの一大事。だけど、女性同士は平気でこんな会話が成り立つのです。

自分に命を授かった以上、自分で命の行き先を決めなければならない。人生にこれほど大きな決断をするときがあるでしょうか。

それができるのが女性なのです。

その決断力は、命を扱う聖なるもの「聖母力」そのものです。みんなは聖母というと、勘違いしていていい人になろうとしますが、本当の聖母とはそんなものではありません。美しいイメージに仕立てあげているだけで、本当はえげつないことも含まれる、それが女性の持つ聖母力なのです。

女性に生まれたなら、そういう自分をまず受け入れること。すると、「この世界は自分のために生まれたもの」という意味が腑に落ちてきます。

結果、「この世界はあなたのためにあるんだよ」という言葉も言えるようになる。

自分を信じることができる人は、他人も信じることができるようになるのです。

だから、**引きこもっていても、いなくても、女性が決断力、聖母力を思い出すことは、最優先事項。**

それをパートナーシップにいかせば、大きな循環が始まります。

そして、男性の愛をもらい、男性に力を与える女性に変わるのです。

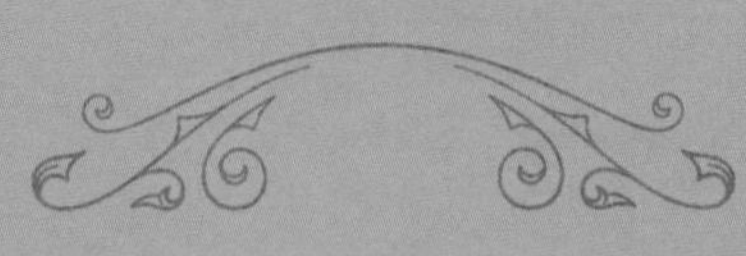

あなたが心地良く感じるのは、どんな世界？
それを決めて、ただ楽しむだけで、
思いどおりの世界が広がり始める。

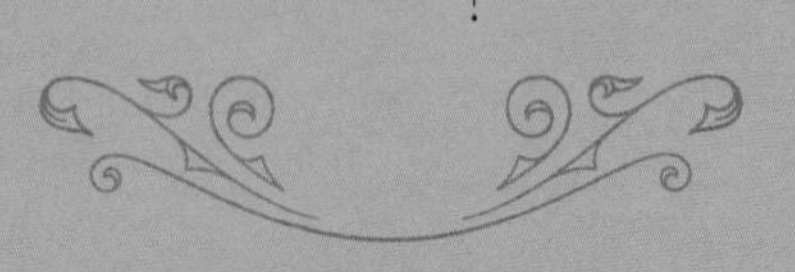

第6章

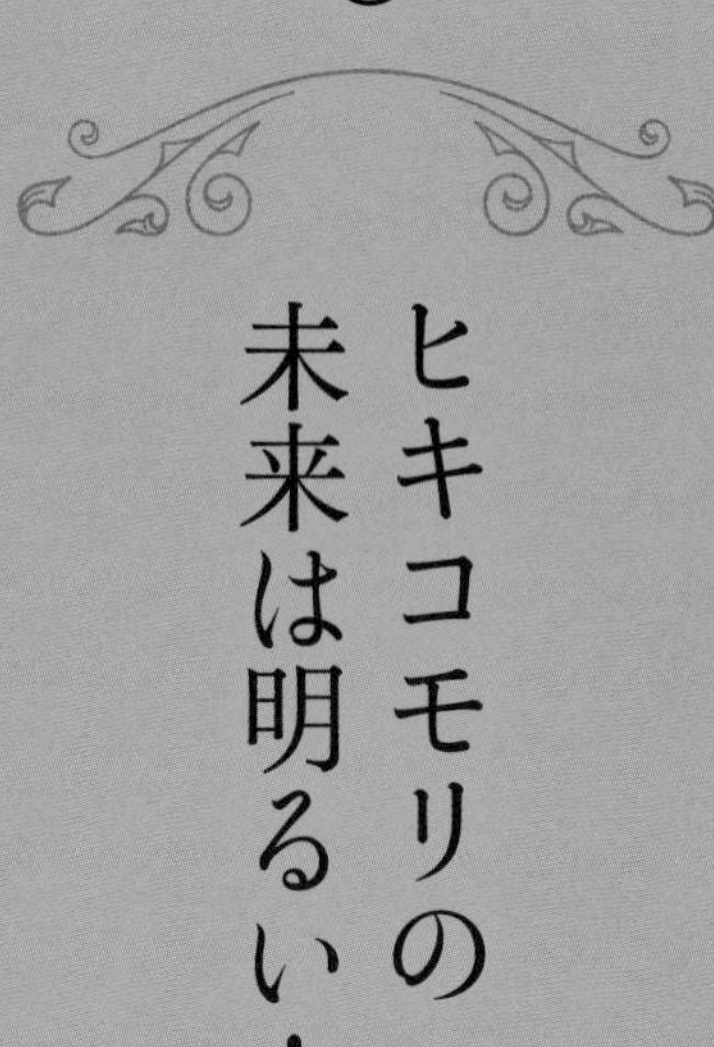

ヒキコモリの未来は明るい！

思い浮かぶ願いは、あなたの未来

ここまで、快適なヒキコモリにするための方法、考え方をお伝えしてきましたが、引きこもるためにもっとも大切なことは、「〇〇したい」という欲求です。「〇〇したい」という欲求さえ持っていれば、ヒキコモリの未来は明るいと言えるでしょう。自分のことをわかっているので、自分の社会をつくれるからです。

たいていの人は、自分のことを知らなさすぎるので、気がつけば相手の顔色をうかがうようになります。すると、「〇〇したい」という決断を相手に任せてしまうことになるので、依存してしまうのです。

快適なヒキコモリを実現するためには、自分の社会をつくると言いましたが、それは「自分はどうしたいか」「自分はどんな気持ちか」を知って実践することです。

自分の世界を自分好みにつくるとは、本当はもっともっとシンプルなはず。で

も、自分の気持ちがわからないので、自分でややこしくしてしまっているだけなんです。

前にも話したとおり、解放の前には恐怖があります。でも、そこを乗り越えることが自立。

自立とは自由に生きること。自分がどうなりたいか、どうしたいかを自覚するということは、自分を自由にする責任感を持つことになるので恐怖が出てくるのです。

私ごときがしていいことなのかと、自分を低く見積もりすぎないでください。自分がどうなりたいか、どうしたいかを知って、もっともっと図太く生きていいのです。

これができるようになると、ビジネスにおいても、恋愛においても、子育てにおいても、美容においても、自分らしく自由に楽しめるようになるのです。

私も、今の家を買ったとき、「こんな大きな家に、一人で住んでいいのかな？」と思いました。

でも、そうするにふさわしいから、その願いが出てくるのです。それは、必要か否かでもなく、損なのか得なのかでもありません。単純シンプルに、「欲しかった。住みたかった」だけなのです。

目標ではなくて、必ずくる未来を見ていただけ。とってもシンプルですよね。

どうなりたいか、どうしたいか、誰のためでもない純粋な願いを立てること。それを「自立」と言うのです。

自立ができれば、自分の願いだけで自分の社会がつくられるようになるので、最高のヒキコモリ生活になるのですよ。

決めるだけで、人脈、金脈、情報脈は整う

自立の話のなかで、「どうなりたいか、どうしたいか、誰のためでもない純粋な願いを立てること」と言いましたが、願いを立てたら「そうなると決める」ことが大事です。

スピリチュアルは、奇跡をつくる魔法と思っている人もいますが、自分が決めた

からそのとおりになるだけです。だから、魔法でもなんでもありません。

願いを叶えたいなら、ただ決めればいいだけです。

それなのに、何をするにも誰かの許可をとらないと決められないって人って、います。親とかパートナーとか、占い師とか……。そんなの、子どもでもしません。

何になりたいか、どんなふうになりたいか、とりあえず決めてください。

他人に話すときは許可をとるのではなく、宣言にしてください。神社の神様の前でも、同じです。

許可をとるとは、オチ（決定）を他人に決めてもらうということ。これでは、運気もくそもありません。他人の許可をとっている間に、自分の運気に乗り遅れ、落ちこぼれますよ。自分で決めないから落ちこぼれただけなのに、なぜか他人や社会においていかれたと思っているのです。

運って、雲みたいなものだと思ってます。他人や社会からならいくらでも乗り遅れればいいし、乗り過ごせばいいのです。でも、自分の雲からは落ちないで。

そのためにはどうするか？

自分で決めるだけ。決めたらどんな結果になろうと、正解なのです。

私は昔、占い師に「〇〇やりたいんです」と言ったら、向いてないと言われました。でも、やりました。だから、今の私がいる。

他人どころか、占い師がノーと言っても、やることを決めるのは自分なのです。

決めたら、宇宙が大急ぎで応援の支度を始めます。

だから引きこもってても、〝決める〟という意識行動だけで、体を動かさなくても人脈も金脈も情報脈もピシッと整うのです。

私は、引きこもると決めただけ。決めれば決めるほど、脈のすべては清らかに潤うのです。

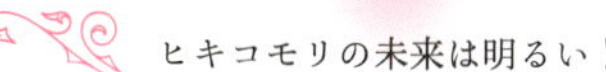

引きこもった人だけが楽に過ごせるようになる超高齢化社会

日本は超高齢化社会になり、65歳以上の人口が5年後には全人口の約30％になると言われています。医療、福祉の問題はもちろん、年金問題も社会では騒がれていますが、そもそも年金をもらったところで、生活できるのでしょうか？

年金をたくさんもらえる人は、会社の重役を務めたなど、いわゆる高給取りだった人ですよね。会社にちゃんと勤めて、ちゃんと仕事をして、ちゃんと役職がある人だけです。

では、「たくさん」って、どれくらいもらえるのかと思って年金の最高額を調べたら、なんと、たったの月額約30万円程度。

これでは、全然足りません！

ですので、私はまったく年金制度は期待していませんし、もらえないものと思っ

ています。

それでも私が年金を支払う理由は、今の年金制度を支えるためでもあるし、日本をつくってきた先輩たちへの感謝です。

未来の目標は、ターシャ・デューダー

年金をあてにしないとなるとどうするか。死ぬまで働ける働き方を考えたほうがいいですよね。おばあちゃんになって、年商10億とかいったら、カッコイイと思いませんか?

じつは、そのモデルとなる人がいます。それは、ターシャ・デューダー。

アメリカの絵本画家、イラストレーター、園芸家、人形作家です。ターシャのファンは世界中にいて、自立しながら自然と共に生きたその魅力的なライフスタイルは映画にもなりました。

ターシャがどれくらいお金を稼いでいたのかはわかりませんが、果物でジャムをつくったり、みつろうでろうそくをつくったり、人形をつくったりと、なんでもハ

ンドメイドを楽しみ、田舎で一人暮らしのスローライフを満喫しながら、生涯、経済的にも自立した人生を送ったのです。

そう考えると、ターシャは「自分ビジネス」の最先端をいっていた女性でした。

私もバスソルトをつくるのが好きなので、年をとってもバスソルトづくりはやっていきたいですし、家庭菜園でとった野菜を売ったりしても楽しそうですよね。好きなことなら、年齢関係なく、いつまでもやっていたいもの。老後まで働きたくないという人は、働き方を知らないか、疲れているだけなのです。

だからこそ、〝体の楽〟を選んでビジネスをする。そうすれば、年金に頼ることなく、ヒキコモリながらハッピーな生活が送れるようになります。

あなたが世界を楽しめば、それは現実になる

あなたは、引きこもってどんな世界をつくりたいですか？
どんな未来をつくりたいですか？
私は、「自分の世界を美しくしたい」と思っています。

そんな私ですが、今でこそ美容レーベルを立ちあげているものの、じつは美容にまったく興味がありませんでした。以前、過度なダイエットをして摂食障害になったトラウマがあり、「努力しなければキレイになれないって、おかしいだろう」と思っていたのです。
それよりも、環境を整えることが先決だと思っていたので、壱岐島に移住した当初は、美しい家具をそろえようとそっちばかりに気をとられていました。

ところが、少しずつ家具がそろい出し、ネットで一目ぼれしたドレッサーが家にくると、鏡やガラスに映る自分を目にする機会が増え、鏡に映る自分も美しくいたいな、この家に見合う自分になりたいなと思うようになってきたのです。

そうしたら、ひょんなタイミングでいただいた美容クリームがあまりにも効果を発揮したので、「何これ!!」と大興奮し、美容レーベルをプロデュースすることになりました。

もともと美容に興味がなかったのは、心が動くような商品に出会えなかっただけで、ズボラな私の心が動いたということは、それだけの価値があると思ったからです。

美容の仕事がしたいといって勉強する人もいますが、そんな知識は関係なく、「キレイになること、それを純粋に楽しむこと」だけで十分。私が楽しむから、美をみんなに感染することができるのです。

このように、どんな世界をつくりたいかを考え、それを楽しむことが大切です。

楽しんでいるということは、そこに自分も含まれるので現実化して当たり前なのです。

私の例でいえば、自分の世界を美しくしたいと思った時点で、そこには自分も含まれました。だから、美容クリームという美しくなるアイテムを引き寄せたのです。それは、もののほうから「私、どう?」ときてくれる感じです。

今は美容クリームで肌がキレイになったおかげで、素敵なドレッサーに座ってスキンケアやメイクをする楽しみや、コスメを集める楽しみも見つけました。もっと自分をよく見たいので、よく見えるようにレーシックの手術もしました。「私、キレイになりたい!」と、目が覚めました。

自分はどんな世界に住み、どうなりたいか?

その気持ちだけで、本当にそのとおりの世界になるのです。

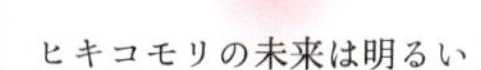

島に嫁いだ私がすべきこと

未来がどうなるかなんて、誰にもわかりません。でも、自分の感覚を信じていれば、未来は必ず開けていくのです。

そもそも私がなぜ縁もゆかりもない壱岐島で結婚式をあげたのかといえば、友達のハッピーちゃんが、壱岐島に結婚式場をつくっていて、その第一号として結婚式をプレゼントしてくれたからです。

結婚式が終わった日、何気なく見に行ったこの家が気に入って、それから10か月後には壱岐島に住むことになったのですが、自分の力ではいかんともしがたい、何かに動かされているような気分でした。

私が壱岐島に住みたいと言って移住を決めたのですが、本当は、島が私をお嫁に

もらいたかったのではないかと思っています。

なぜなら、家を見学したときは、手持ち7000円しかなかったのに、その後「御まん託」の鑑定書が大当たりして1億5000万円が集まり、そのお金で本当にここに住むことになったからです。

私は、龍平さんに嫁いだのではなくて、島に嫁いだと思うのです。

だから、今、私は、「島は私に嫁がせてまで何をしたかったんだろう？」と思いながら、日々仕事を編み出しています。

島をよくするためにできること、つまり、地方を活性化するためにできること、それを私は使命として与えられているのではないかと思うのです。

自分ビジネスはその一環で、全国どこに住んでいても通用するビジネス。しかも、その土地で稼ぐことができれば、そこに税金を納めることができますよね。自由な働き方で地方活性化につながること、まさにお金の足枷（あしかせ）をとりたいなと思っているのです。

この発想は、前にも話した一人総理大臣ごっこです。島ひとつの経済が動かせるくらい稼げるようになったら、政治家になって世の中を改革したいとさえ思っています。

じつは、全国の島は移住者に対する支援がけっこう手厚くあります。たとえば、引っ越し代の何パーセントかを出しますとか、住居を安く貸しますとか。

でも、新しい移住者を考えたときに、支援が必要な移住者なんてお荷物ではないでしょうか? 過疎化を防ぐというメリットはあるけれど、政治としては稼げる移住者にきて欲しいというのが正直なところだと思うのです。

だから、そういった改革をしていきたいなと思うのです。

このアイデアって、庶民だからできるのです。先ほども話したように、天皇家や、財閥だったら、ビジネスセミナーでお金儲けのノウハウを教えるなんて絶対できません。庶民じゃないとできないことなのです。

だから、本当に庶民に生まれてよかった〜って思うのです。

ここまできたら、私は壱岐島のナンバーワン納税者を目指します。島を潤わせる、それが島に嫁いだ私のやるべきことかもしれないと思うのです。

変わってなんかやらない！

私は引きこもっていますが、未来しか意識していません。

普通、人は未来を意識すると、今の自分を変えなくちゃと思いがちですが、そう思うということは、今の自分にバツをつけているということです。今の自分がダメだから、もっとよくならなきゃと思っているのです。

私が引きこもって自分ビジネスを始めたのは、「社会に合わせることなんてない。私は変わってなんかやらない！」と思ったからです。

「変わらなきゃいけない」って迷っている人はいっぱいいますが、それ誰が言ったのですか？　本当ですか？

本当は変わりたくないのに、みんなに合わせようとして「変わらなきゃ」と言うのではないでしょうか？

そうやって、よけいなことでネガティブになるってもったいなくないですか？

変化って、自然に訪れるものです。自分が動いて変えるものではありません。変化は自然現象なんですよ。


前に、自分ビジネスとは、古い自分を毎日廃業して毎日リタイヤしていくことという話をしましたが、それは、「変わらなきゃ」と思う部分をやめていくこと、とも言えます。変われない自分を責めなくなること、変わろうと焦る自分を撲滅することです。


社会に合わせようと思って、素晴らしい人間になろうと思っていたところを毎日廃業させていったら、元の自分が出てきます。素の自分になります。それが脱皮です！

だから、新しい自分に出会うのではなく、元の自分との再会なんです。

変わってやるなよ！

性格は直してやるなよ！

弱点も克服してやるなよ！

と、私は思っています。

原点回帰こそ、未来の自分

未来って、過去に戻ることです。

私たちは子どもの頃、その日1日が楽しかったはずです。素晴らしい人間になろうと思うこともなく、ただその瞬間瞬間を楽しんでいたはずです。

そこに戻ること。それが未来なのです。自由な自分になることなのです。

私の実家は青森で林業とお米をつくっていました。思春期になって田舎がイヤになり都会に出てきたのですが、今、私は壱岐島で畑をいじることが大好きです。

昔に感じた楽しかったことが未来をつくっているのです。

過去のなかにきらめいていた自分、無邪気に笑っていた自分を思い出してください。あくまで感情の記憶ですが、人はそこに原点回帰していくのだと思います。

だから、変わらなくていい。

変わってやるなよ、と思うのです。

EPILOGUE

おわりに

最後まで読んでくださって、ありがとうございました。

「八木さやの処女作」、いかがでしたでしょうか？


この本は、「こんな働き方あるよ！」ということをお伝えしたくて書きました。体に優しい働き方が、ビジネスを拡大します。

これは自分ビジネスに限らない、一般の企業にも通じる話です。長時間労働がえらいとか、体を酷使しないと活躍できないとか、無理しないと競争に勝てないとか、そんな「労働神話」は、これからますます崩壊していくのではないでしょうか？

なぜなら、体にウソをつけなくなっている人が増えているからです。

とくに女性の体は、ホルモンの分泌量が月経周期でかなりゆれます。外の基準や都合に自分を合わせるのでなく、自分の体調の「ゆれ」に合わせて、ホルモンの波にゆだねて生きることは、子宮委員長はる時代からお伝えしてきたこと。それは今も変わりません。「自分にピッタリの働き方」はある。それは、あなたの体が教えてくれます。

ヒキコモリって世間ではタブー視されているけれど、本当にダメなんでしょうか？　だって自分の体が「ヒキコモリたい！」と訴えている。だったら、まずは自分で自分を認めること。それが自分ビジネスの、八木さやイズムの基本です。

私がみんなに「自分ビジネス」をすすめているのは、自分こそが最大の売り物だと知って欲しいからです。

このことを知ったうえで、自分ビジネスをしないという選択をするのはかまいません。雇われるのも、主婦・主夫をするのも、なんでもOK。

でも世間では、「自分を売る」選択肢を、わざと外していますよね。たとえば、年金が崩壊する話題とか、老後に2000万円貯蓄が必要と政府が発表して炎上したこととか……。見ていると、「自分で稼ぐ」という話をみんな避けている。誰かから雇われる、国からお金をもらうことが前提になっています。

これって、すごく萎えます。だって、自分の力で立つ気がないし、社会も立たせる気がないのだから。

生きる力があることを、生命力が自分のこの体にあることを、多くの人が忘れているのかなあ、って思います。だからこそ、この本を書いた意味があると思っています。「自分ビジネスをしよう！」と訴える意味があると思っています。

私は、壱岐島の市長を目指していて、総理大臣にもなりたいのですが、その理由は、「自分で立って！」「あなたにはその力があるよ！」

「自分で自分をあきらめるな！」と言いたいから。そんなことを言う政治家はいないそう（笑）。だったら私が言います！

たとえば、壱岐島に移住して、ここ壱岐島でたくさんの税金を納める人が1000人生まれたら、日本が変わるし、世界も変わると思いませんか？

大都市にいなくても、環境のいい地方で、離島でお金が稼げるのだったら、そっちを選ぶ人はいっぱいいるはずです。

地方から人がいなくなるのは、雇ってもらうことが前提だから。自分ビジネスで稼げれば、「いい働き口がない」「行政の援助が足りない」という必要もありません。

「外に出ろ出ろ」

「行動しろしろ」

っていうけれど、それって、エネルギーのダダ漏れです。ヒキコモリながら自分の社会をつくり、自分の居場所をつくる。そんな生き方・働き方を目指しています。

働き方といえば、ブラック企業を悪く言う人はたくさんいますが、一番のブラック企業は自分です。でも、思考の声で自分を押さえつけて生きるセルフブラック企業なのか、それとも、本音・本望に忠実に自分を解放していくセルフブラック企業なのかで、幸福度やビジネスの拡大は変わってきます。もちろん私は後者。

移住した頃、まさか今のようにビジネスを展開するとは思ってもみませんでした。最初は、家庭菜園に没頭するつもりでした。だけど、自分の欲に忠実に従っていたら、なんだかとんでもないことになっていったのです。

私は、年商5億の実業家です。おうちもいっぱい買いました。スピードが早くて信じられません。内にこもって、欲を見つめて、決断したら、世界は動くのです。

体に優しくすればするほど、お金が回る。

これが私の「働き方改革」です。


最後に感謝の言葉を。

２０１８年10月26日、私は壱岐島に移住しました。それから1日1日、良くも悪くも濃密に充実していたように感じます。

率直な自分に対する感想は、「よくやった！」って褒めてあげたい。

そう、まずは自分に感謝を。私が私に「ありがとう」と言います。

そして、私をずっと見守ってくれる夫の龍平さんに感謝を。壱岐島にきてから、休むことなくほぼ毎日、
私の愚痴を聞き、
私の喜びを聞き、
私の悲しみを聞き、
私の楽しみを聞いていた夫です。
愛されていたな。見守られていたな。支えられていたな、って感謝で

EPILOGUE

いっぱいです。移住して1年、希望を持ち続けることができたし、安心して絶望できたように思います。ありがとう。

そして、廣済堂出版の伊藤岳人さん、真野はるみさん、出版プロデューサーのＲＩＫＡさんに感謝を。八木さや一作目となるこの本は、私にとって「最初の情熱」を忘れないための本です。私の初心を、本として世の中に記憶してくれて、ありがとうございます。

これからも八木さやは、壱岐島でヒキコモリ生活をますます極めていきます。

みんな島においで！　生きる力を思い出そう。

八木さや

八木さや | Saya YAGI

1985年、青森県生まれ。株式会社あとりえ林檎代表取締役。作家、ブロガー、美容家、実業家。2011年から子宮の声に従って生きる「子宮委員長はる」として活動し、性を中心に自己開示を綴るブログ「子宮委員長はるの子宮委員会」は、1か月約450万アクセスに育つ。2018年12月、子宮の声に従い、「子宮委員長はる」を引退。その後、本来の「八木さや」として、庭付きの家で花や野菜を育てたり、絵を描いたり、本を書いたりしながら暮らしたいと願い、別居婚を選んで、長崎県壱岐島へ移住。自宅と敷地を「楽園」と称し、自分だけの楽園づくりをしながらヒキコモリ生活を実践している。基礎化粧品や子供服プロデュース、参加1万人を動員した自分ビジネスなど、ヒキコモリながらも生きる力を身につけるプロセスを、ブログ「誰でもできる楽園レシピ」で発信。無限の可能性にチャレンジを続けている姿に、年齢問わず多くの女性が魅了されている。「子宮委員長はる」としての著書に『お金は、子宮が引き寄せる』『恋と愛の進化論』(いずれも河出書房新社)など。

☆八木さやオフィシャルブログ　https://ameblo.jp/atelier-ringo/

ヒキコモリの法則

楽しいことや美しいものだけに囲まれて豊かに生きる方法

2019年12月20日　第1版第1刷
2019年12月30日　第1版第2刷

ブックデザイン　白畠かおり
編集協力　RIKA(チア・アップ)
本文DTP　株式会社明昌堂

著　者　八木さや
発行者　後藤高志
発行所　株式会社廣済堂出版
〒101-0052　東京都千代田区神田小川町2-3-13 M&Cビル7F
電話 03-6703-0964(編集) 03-6703-0962(販売)
Fax 03-6703-0963(販売)
振替 00180-0-164137
https://www.kosaido-pub.co.jp

印刷・製本　株式会社廣済堂

ISBN978-4-331-52268-4 C0095